唯識とはなにか

唯識三十頌を読む

多川俊映

唯識とはなにか

唯識三十頌を読む

目次

まえがき　9
唯識三十頌（本文・書下し・現代語訳）　13
序章　はじめに　42
一　帰敬の頌　42
二　すべては唯識（提示）　47
第一章　心の構造とその展開　54
一　初能変　第八阿頼耶識―私たちを根底から支えるもの―　54
アーカイブされる行動情報　56
阿頼耶識の対象　61
阿頼耶識の知るはたらき　66

阿頼耶識の性質　70
とぎれのない心の基盤　73
二　第二能変　第七末那識―意識下の自己中心性―　79
末那識の対象　81
四つの煩悩　84
末那識の性質　91
末那識を束縛するもの　94
三　第三能変　第六意識と前五識―心の表面領域―　101
六識のはたらきと対象　104
六識の性質　113
六識の生起　119
広縁の意識　123

第二章　心のはたらき　127
心所リスト　131
心王と心所　遍行の心所　135
別境と善　139
煩悩・随煩悩と不定　149
心所も種子　158
第三章　すべては心の展開　162
一　あるのは唯識だけ（明示）　162
二　すべては心の展開（疑問に答える①）　168
三　すべては心の展開（疑問に答える②）　174

第四章　世界の在り方　185
一　遍計所執の世界―私たちの日常世界―　185
二　依他起の世界と円成実の世界―事実と真実―　190
三　三つの在り方を空の視点から見る　197
第五章　真実の世界へ　202
一　唯識学修の行程①―資糧位と加行位―　202
二　唯識学修の行程②―通達位と修習位―　210
三　唯識学修の行程③―究竟位―　215
終　章　結びの頌　220
唯識三十頌（読誦用）　225

まえがき

昨今、なにかといえば情報社会とか情報の時代だとかいわれます。たしかにインターネットが普及して、ごくふつうの日常生活の場でもおびただしい量の情報が飛び交っていますし、端末の携帯化がそれに拍車をかけて、もはや歩いていても最新の情報が取れる時代です。

私たちはその利便性に魅せられて、都合のいい情報を求めて右往左往しています。便利なのはいいとして、しかし、どっと押し寄せてくる情報の波に翻弄《ほんろう》され、本来の自己というものを見失っている――。それが私たちの有体《ありてい》、偽らざる姿でしょう。

こうした利便性に大きく傾けば、いっそう効率優先の社会になるのは必定です。それではどうもまずい、と思ってかどうか、――スローでいこう、などとしばしば提案されもします。が、現実は相変わらずほとんどファストで動いています。これではいよいよ人の心はささくれ立ち・干からび・少しも潤いません。そこで、もうこれからは本当に「心の時代だ」というのですが、心がしっとりと潤うには、やはり、大胆な情報の遮断こそ求められます。つまり、いうところの情報の時代と心の時代の並立は本質的な矛盾をかかえており、私たちはまさに、ここが思案のしどころに立たされているわけです。

さて、唯識の思想ですが、詮《せん》ずるところ、私たちはわが心のはたらきによって知られた限りの世界に住んでいるということです。そして、その心のはたらきによって知られたところのものとは、要するに情報ということでもあるでしょう。私たちが「これぞ現実」と思っていることも、実はそうした情報によってつくり上げられたものにすぎない――。

こうした唯識の思想は元来、人々を仏教の理想世界へ誘い導く教説ですが、同時に、いまのように情報の時代といわれ心の時代といわれる社会に生活する私たちが、自己をみつめ・よりよく生きるためにも深く学ぶべき考え方ではないかと思います。

本書で取り上げた『唯識三十頌《じゅ》』は、こうした唯識教説をわずか三十の詩句で簡潔に示した古来の名著で、作者は西暦五世紀頃のインドの学僧・世親《せしん》（ヴァスバンドゥ）です。本書では、玄奘三蔵《げんじょうさんぞう》による漢訳を本文テキストにして読み進めるのですが、その本文の書下しに加え、現代語訳として著者の試訳を添付しました。仏教に関心をもたれる一般読書人が解説なしでもすらすら読める――、そんな三十頌の現代語訳ができないかと試みたものです。そのさい、本文にないことがらも必要におうじてかなり入れ込みましたので、現代語訳というよりリライトといったほうがいいかもしれません。成功したかどうか、はなはだ心許《こころもと》ないことですが、今後さまざまなご意見やご叱正《しっせい》を得て、手直しを重ねたい考えです。

この小著は、じつは五・六年前に出ているはずでしたが、著者の怠慢で刊行がかくも遅延しました。ただ、唯識仏教を立場に鎌倉時代の奈良仏教を大きくリードされた解脱上人貞慶《じょうけい》（一一五五〜一二一三）の八百年御遠忌の本年に上梓《じょうし》できるのは、文字通り僥倖《ぎょうこう》という他ありません。その解脱上人に『注三十頌』という著述があります。内容からみていわば講義のレジュメですが、それを用いて行なわれたであろう深い講義を偲《しの》び、この小著を謹んで捧げたく思います。

なお、本書は大法輪閣の元編集者・安元剛さんの企画になるもので、そのあとを引き継がれた佐々木隆友さんに種々お世話になりました。また、装丁の鈴木成一さんにもご無理申しました。ここに感謝の意を表します。

平成二十四年三月二十四日

多川　俊映

付記

このたび、『唯識 こころの哲学——唯識三十頌を読む』を『唯識とはなにか』と改題し、角川ソフィア文庫に入ることになりました。手にとりやすいサイズになりましたので、この機会に、唯識仏教への関心が広がれば幸いです。

文庫化にさいし、KADOKAWAの竹内祐子さんにはいろいろお世話になり、また、装丁は旧版に引き続き、鈴木成一さんにお願いしました。お二人に心から感謝申し上げます。

多川 俊映

平成二十七年四月五日

唯識三十頌

本文・書下し・現代語訳

【本文】

〔帰敬《ききょう》の頌《じゅ》〕

1 稽首唯識性
2 満分清浄者
3 我今釈彼説
4 利楽諸有情

〔一〕

1 由仮説我法
2 有種種相転
3 彼依識所変
4 此能変唯三

〔二〕

1 謂異熟思量
2 及了別境識
3 初阿頼耶識

【書下し】

唯識性《しょう》において、
満に分に清浄なる者《ひと》を稽首《けいしゅ》す。
我、今、彼《か》の説を釈し、
諸《もろもろ》の有情《うじょう》を利楽せん。

仮《け》に由《よ》って我《が》・法《ほう》ありと説く。
種種の相、転ずることあり。
彼は識《しき》の所変《しょへん》に依《よ》る。
此《こ》の能変《のうへん》は唯し三つのみなり。

謂《い》わく異熟《いじゅく》と思量《しりょう》と、
及び了別境《りょうべつきょう》との識なり。
初めのは阿頼耶識《あらやしき》なり。

4 異熟一切種

異熟なり、一切種なり。

〔三〕

1 不可知執受
2 処了常与触
3 作意受想思
4 相応唯捨受

不可知の執《しゅう》・受《じゅ》・
処《しょ》と、了《りょう》となり。常に触《そく》と
作《さ》意《い》と受《じゅ》と想《そう》と思《し》と相応す。
唯し捨受《しゃじゅ》のみなり。

〔四〕

1 是無覆無記
2 触等亦如是
3 恒転如暴流
4 阿羅漢位捨

是《こ》れ無《む》覆《ふく》無記なり。
触等も亦《また》、是《かく》の如し。
恒《つね》に転ずること暴流《ぼる》の如し。
阿《あ》羅《ら》漢《かん》の位に捨す。

〔五〕

1 次第二能変
2 是識名末那
3 依彼転縁彼
4 思量為性相

次のは第二の能変なり。
是《こ》の識を末那《まな》と名づく。
彼に依《よ》って転じて彼を縁ず。
思量するを性《しょう》とも相《そう》とも為す。

（六）

1 四煩悩常倶
2 謂我癡我見
3 并我慢我愛
4 及余触等倶

四の煩悩と常に倶《とも》なり。
謂《い》わく我癡《がち》と我見《がけん》と
并《なら》びに我慢《がまん》と我愛《があい》となり。
及び余《よ》と触《そく》等と倶なり。

（七）

1 有覆無記摂
2 随所生所繫
3 阿羅漢滅定
4 出世道無有

有覆《うふく》無記に摂《おさ》められる。
所生《しょしょう》に随《したが》って繫《け》せられる。
阿羅漢と滅定《めつじょう》と
出世道には有ること無し。

（八）

1 次第三能変
2 差別有六種
3 了境為性相
4 善不善倶非

次の第三の能変は、
差別《しゃべつ》なること六種あり。
境《きょう》を了するを性《しょう》とも相《そう》とも為す。
善と不善と倶非《くひ》となり。

（九）

1 此心所遍行　　此の心所《しんじょ》は遍行《へんぎょう》と
2 別境善煩悩　　別境と善と煩悩と
3 随煩悩不定　　随煩悩と不定《ふじょう》となり。
4 皆三受相応　　皆、三の受《じゅ》と相応す。

（一〇）

1 初遍行触等　　初の遍行というは触等なり。
2 次別境謂欲　　次の別境というは謂《い》わく欲《よく》と
3 勝解念定慧　　勝解《しょうげ》と念《ねん》と定《じょう》と慧《え》となり。
4 所縁事不同　　所縁の事ィ不同なるをもってなり。

（一一）

1 善謂信慚愧　　善というは謂わく信《しん》と慚《ざん》と愧《ぎ》と
2 無貪等三根　　無《む》貪《とん》等の三根《さんこん》と
3 勤安不放逸　　勤《ごん》と安《あん》と不放逸《ふほういつ》と
4 行捨及不害　　行捨《ぎょうしゃ》と及び不害《ふがい》とぞ。

（一二）

1 煩悩謂貪瞋　　煩悩というは謂わく貪《とん》と瞋《しん》と

2　癡慢疑悪見
癡《ち》と慢《まん》と疑《ぎ》と悪見《あっけん》とぞ。

3　随煩悩謂忿
随煩悩というは謂わく忿《ふん》と

4　恨覆悩嫉慳
恨《こん》と覆《ふく》と悩《のう》と嫉《しっ》と慳《けん》と

（一三）

1　誑諂与害憍
誑《おう》と諂《てん》と害《がい》と憍《きょう》

2　無慚及無愧
無慚《むざん》と及び無愧《むぎ》と

3　掉挙与惛沈
掉挙《じょうこ》と惛沈《こんじん》

4　不信并懈怠
不信《ふしん》と并びに懈怠《けだい》と

（一四）

1　放逸及失念
放逸《ほういつ》と及び失念《しつねん》と

2　散乱不正知
散乱《さんらん》と不正知《ふしょうち》となり。

3　不定謂悔眠
不定というは謂わく悔《け》・眠《みん》と

4　尋伺二各二
尋《じん》・伺《し》とぞ。二に各二つあり。

（一五）

1　依止根本識
根本識に依止《えじ》す。

2　五識随縁現
五識は縁に随《したが》って現じ、

3 或倶或不倶
4 如涛波依水

或るときには倶《く》なり、或るときには倶ならず。
涛波《とうは》の水に依《よ》るが如し。

〔一六〕

1 意識常現起
2 除生無想天
3 及無心二定
4 睡眠与悶絶

意識は常に現起す。
無想天に生じたときと
及び無心の二定《にじょう》と、
睡眠と悶絶とを除く。

〔一七〕

1 是諸識転変
2 分別所分別
3 由此彼皆無
4 故一切唯識

是《こ》の諸《もろもろ》の識ィイ転変して、
分別《ふんべつ》たり。所《しょ》分別たり。
此《こ》れに由《よ》りて彼は皆なし。
故に一切唯識のみなり。

〔一八〕

1 由一切種識
2 如是如是変
3 以展転力故

一切種識の、
是《かく》の如く是の如く変ずるに由《よ》り、
展転《ちんでん》する力を以ての故に、

4 彼彼分別生

〔一九〕

1 由諸業習気
2 二取習気倶
3 前異熟既尽
4 復生余異熟

〔二〇〕

1 由彼彼遍計
2 遍計種種物
3 此遍計所執
4 自性無所有

〔二一〕

1 依他起自性
2 分別縁所生
3 円成実於彼
4 常遠離前性

彼彼《ひひ》の分別生ず。

諸の業《ごう》の習気《じっけ》と、
二取《にしゅ》の習気と倶《とも》なるに由りて、
前の異熟既に尽きぬれば、
復《また》、余の異熟を生ず。

彼彼《ひひ》の遍計《へんげ》に由《よ》りて、
種種の物を遍計す。
此《こ》の遍計所執《しょしゅう》の
自性《じしょう》は所有《しょう》なし。

依他起《えたき》の自性《じしょう》は、
分別の縁に生ぜらる。
円成実《えんじょうじつ》は彼が於《うえ》に、
常に前のを遠離《おんり》せる性なり。

〔二二〕

1 故此与依他
2 非異非不異
3 如無常等性
4 非不見此彼

故に此《こ》れは依他と、
異《い》にも非ず不異《ふい》にも非ず。
無常等《とう》の性の如し。
此れを見ずして彼をみるものには非ず。

〔二三〕

1 即依此三性
2 立彼三無性
3 故仏密意説
4 一切法無性

即《すなわ》ち此の三性に依って、
彼《か》の三無性を立つ。
故に仏《ほとけ》、密意をもって、
一切の法は性なしと説きたもう。

〔二四〕

1 初即相無性
2 次無自然性
3 後由遠離前
4 所執我法性

初《はじめ》のには即ち相《そう》無性をいう。
次のには無自《むじ》然《ねん》の性をいう。
後《のち》のには前《さき》の
所執の我《が》・法を遠離せるに由《よ》る性をいう。

〔二五〕

1 此諸法勝義 …… 此れは諸法の勝義《しょうぎ》なり。
2 亦即是真如 …… 亦《また》は即ち是れ真如《しんによ》なり。
3 常如其性故 …… 常如《じょうにょ》にして其《そ》の性たるが故に、
4 即唯識実性 …… 即ち唯識の実性なり。

（二六）

1 乃至未起識 …… 乃《いま》し識を起して、
2 求住唯識性 …… 唯識の性《しょう》に住《じゅう》せんと求めざるに至るまでは、
3 於二取随眠 …… 二《に》取《しゅ》の随眠《ずいみん》に於て、
4 猶未能伏滅 …… 猶《なお》、未だ伏し滅すること能《あた》わず。

（二七）

1 現前立少物 …… 現前に少物《しょうもつ》を立てて、
2 謂是唯識性 …… 是《こ》れ唯識の性なりと謂《おも》えり。
3 以有所得故 …… 所得あるを以ての故に、
4 非実住唯識 …… 実に唯識に住するには非ず。

（二八）

1 若時於所縁 …… 若《も》し時に所縁の於《うえ》に、

2 智都無所得
3 爾時住唯識
4 離二取相故

〔二九〕

1 無得不思議
2 是出世間智
3 捨二麁重故
4 便証得転依

〔三〇〕

1 此即無漏界
2 不思議善常
3 安楽解脱身
4 大牟尼名法

〔結びの頌《じゅ》〕

1 已依聖教及正理
2 分別唯識性相義

智イイ都《すべ》て所得無くなんぬ。
爾《そ》の時に唯識に住す。
二取の相を離れぬるが故に。

無得なり。不思議なり。
是れ出世間の智なり。
二の麁重《そじゅう》を捨《しゃ》しつるが故に、
便《すなわ》ち転依《てんね》を証得す。

此《こ》れは即ち無漏《むろ》界なり。
不思議なり。善なり。常なり。
安楽なり。解《げ》脱身《だっしん》なり。
大牟尼《だいむに》なるを法と名づく。

已《すで》に聖教《しょうぎょう》と及び正理《しょうり》とに依《よ》って、
唯識の性《しょう》と相《そう》との義を分別しつ。

3　所獲功徳施群生
4　願共速証無上覚

所獲《しょぎゃく》の功徳をもって群生《ぐんじょう》に施す。
願わくは共に速やかに無上覚を証せん。

（現代語訳）

〔帰敬の頌〕すべてはわが心の展開だという真実を前にして、私は、仏陀と菩薩、とりわけその真実を簡潔に示された世親《せしん》菩薩に深く首《こうべ》を垂れます。そして、その真実の世界に、私もまた深く分け入り、あらゆるもの・あらゆることがらを心の問題とし、すべてを心の要素に還元して考え、いのちあるものたちを利楽したいと思います。

〔一〕すべてはわが心の展開であり、あるのは、唯識《ただこころ》だけだ――。という主張について、他ならぬこの自分も、それから、世のいろんなものも有るじゃないかという反対意見があります。が、どんなものも、不変で実体として有るとはいえない。もちろん、虚無というか何もないわけでもない。

すべては、変化のさなかに一瞬一瞬有る。実有《じつう》ではないけれど、さまざまなものが時々刻々に仮に和合して有る――。そういう仮有《けう》としての自分やいろんなものは、認めるべきでしょう。

そして、そういうものが、さまざまなスガタを展開している――。それが私たち一人ひとりが経験する現実の世界であり、その世界は、まさにわが心がつくり出したものなのです（識の所変《しょへん》）。そして、そのつくり出す心（能変《のうへん》）に三つあることを述べて、すべてはわが心の展開、すなわち、すべては唯識だということをここに提示します。

〔二〕その三つの能変とは、異熟識《いじゅく》と思量識《しりょう》および了別境《りょうべつきょう》識です。なお、識体としては、追って述べるように八つあり、これを八識心王《しんのう》といいます。心王とは、心の中心の意味です。

三つの能変のうち、最初に挙げるべき識体は、阿頼耶識《あらや》です。異熟識とも一切種子識《しゅうじ》ともいいます。

〔三〕阿頼耶識は、心の深層領域に茫漠《ぼうばく》と広がる無意識の世界です。そのため、この識体（心王）の認識対象のことも、その対象を知るはたらきのことも、全貌《ぜんぼう》をつまびらかにすることはできません。

この心王に付随する心所《しんじょ》（心のはたらき）は、ごく基本的なものと考えられます。それらは、

〈触《そく》（心を認識対象に接触させる）〉

〈作意《さい》（心を起動させる）〉

〈受《じゅ》（認識対象を、苦または楽、あるいは、そのどちらでもないと受けとめる）〉

〈想《そう》（受けとめたものを自己の枠組みにあてはめる）〉

〈思《し》（認識対象に具体的にはたらきかける）〉

の五つです。なお、阿頼耶識に付随する〈受〉は、くわしくは〈捨受《しゃじゅ》（認識対象を、苦でも楽でもないと受けとめる）〉です。

〔四〕また、阿頼耶識の性質は善でも悪でもなく、無記（ニュートラル）です。そして、仏道を歩む上で障害になるようなものとも関係がありません。だから、この心王に付随する〈触〉などの五つの心作用の性質も、右に同じです。

阿頼耶識は、過去から未来へとトギレることなく連続するわが身心の基盤です。それはまさに、永遠の上流から大きくうねりながら流れきて、とどまることなく、なお下流へと流れ去ろうとする大河に喩《たと》えられるでしょう。

こうした阿頼耶識は、阿羅漢《あらかん》と呼ばれる清浄な境地に至れば、止滅すると考えられます。

〔五〕（初能変の）次は第二能変です。これも意識下の領域で、この心王の名称は末那《まな》です。末那識は、阿頼耶識から転変したもので、その阿頼耶識を認識の対象としています。そして、阿頼耶識を不変で実体的な自分の中核と誤解して一途《いちず》に思い量《はか》ることが、末那識の本質であり、かつ具体的なはたらきです。

〔六〕末那識は、常に四つの《煩悩》、すなわち、

〈我癡《がち》（すべてのことがら、とりわけ自分の本来のスガタを知らない）〉

〈我見《がけん》（自分を実体視する）〉

〈我慢《がまん》（とにかく自負して他者《ひと》をあなどる）〉

〈我愛《があい》（実体視した自我に愛着する）〉

とともにあります。そして、それらに関連する幾つかの《随煩悩》と、〈触〉などの基本的な心所が付随します。

〔七〕末那識の性質も、阿頼耶識と同じく善でも悪でもない無記です。ただし、仏道を歩む上で障《さわ》りとなる濁りがあると考えられます。また、末那識は、大本《おおもと》の阿頼耶識が生まれた世界の状況に大きく束縛されます。こうした末那識のはたらきは、阿羅漢の境地に至ると完全になくなります。しかし、そのレベルでなくとも、深い瞑想《めいそう》に入ったり、すべてをひたすら変化の中で捉《とら》えようとする真実の洞察力がはたらいている時、一時的ながら末那識の活動は停止すると考えられます。

〔八〕（第二能変の）次の第三能変は、心の表面領域です。そのはたらきの違いに

よって、六種あります。それらは、眼《げん》識・耳《に》識・鼻《び》識・舌《ぜつ》識・身《しん》識と意識です。眼識などの五つはいわば五感覚、そして、意識は、私たちがふつう心と呼んでいるものに相当します。

これら六識は、それぞれの境《きょう》（対象）を了別することが本質であり、かつ具体的なはたらきです。これら六識心王は場合によって、善にも不善にも、あるいは、そのどちらでもない無記にもなります。

〔九〕それは、六識に相応する心所が、次に示すように広範囲にわたるからです。

ごく基本的なもの《遍行《へんぎょう》》
特別な対象にだけはたらくもの《別境》
仏の世界に順ずるもの《善》
仏の世界に違反するもの《煩悩》
煩悩に付随してはたらくもの《随煩悩》
その他《不定《ふじょう》》

なお、このなか、《遍行》の〈受《じゅ》〉のはたらきは、〈苦受〉〈楽受〉〈捨受〉の三つにわたります。つまり、対象を苦とか楽と感受したり、あるいはまた、そのどちらでもないと受けとめたり、場合によってさまざまです。このことは、六識すべてに当てはまります。

〔一〇〕ここで、《遍行》《別境》《善》《煩悩》《随煩悩》《不定》という六つのグループにそれぞれ分類される五十一の心所を列挙しましょう。

初めの《遍行》に属するのは触等、つまり、〈触〉〈作意〉〈受〉〈想〉〈思〉の五心所です。これらは、初能変の阿頼耶識のところでみました。次の《別境》には、〈欲《よく》（希求する）〉〈勝解《しょうげ》（深く了解する）〉〈念《ねん》（記憶する）〉〈定《じょう》（集中する）〉〈慧《え》（択《えら》び分け、正邪を判断する）〉の五心所があります。これらは《遍行》とちがって特別な境（対象）にはたらくので、《別境》といわれます。

〔一一〕さて、私たちを仏の世界に押し上げる《善》の心所は〈信《しん》（自己を真理に委《ゆだ》ねる）〉〈慚《ざん》（自らを顧み、また、教えに照らして恥じる）〉〈愧《ぎ》（他に対して恥じる）〉と、無貪《むとん》などの三根《さんこん》（〈無貪（むさぼらない）〉〈無瞋《むしん》（排除しない）〉〈無癡《むち》（真理・道理に即する）〉の三善根《さんぜんごん》）、そして、〈勤《ごん》（たゆまず努める）〉〈安《あん》（軽安《きょうあん》。身心がのびやかで、はればれとしている）〉〈不放逸《ふほういつ》（欲望をつつしむ）〉〈行捨《ぎょうしゃ》（平等にして、かたよらない）〉〈不害《ふがい》（いのちをあわれみ、他を悩ませない）〉の十一です。

〔一二〕一方、仏の世界に違反するはたらきの《煩悩》ですが、〈貪《とん》（むさぼる）〉〈瞋《しん》（排除する）〉〈癡《ち》（真理・道理に暗い）〉〈慢《まん》（自己を恃《たの》み、他をあなどる）〉

〈疑《ぎ》（真理・道理をわきまえ得ず、疑う）〉〈悪見《あっけん》（誤った見解に立つ）〉の六心所。そして、これらの根本煩悩から派生した《随煩悩》としては、〈忿《ふん》（腹をたて、危害を加えようとする）〉〈恨《こん》（うらむ）〉〈覆《ふく》（隠し立てする）〉〈悩《のう》（他を悩ませる）〉〈嫉《しっ》（ねたむ）〉〈慳《けん》（ものおしみする）〉、

【一三】〈誑《おう》（たぶらかす）〉〈諂《てん》（へつらう）〉〈害《がい》（いのちへの思いやりがなく、他を悩ませる）〉〈憍《きょう》（うぬぼれる）〉〈無慚《むざん》（自らを顧みず、また、教えに照らして恥じない）〉〈無愧《むぎ》（他に対して恥じない）〉〈掉挙《じょうこ》（気持ちが騒がしく浮き立つ）〉〈惛沈《こんじん》（気持ちが深く沈む）〉〈不信《ふしん》（真理を顧みない）〉〈懈怠《けだい》（なまける）〉、

【一四】〈放逸《ほういつ》（欲望のままにふるまう）〉〈失念《しつねん》（記憶を失う）〉〈散乱《さんらん》（集中を欠いて乱れる）〉〈不《ふ》正知《しょうち》（誤って理解する）〉の二十心所が考えられます。

最後の《不定》は、〈悔《け》（くやむ）〉〈眠《みん》（ねむたくなり、身心の自在を失う）〉と〈尋《じん》（認識の対象をおおざっぱに思いはかる）〉〈伺《し》（認識の対象を詳細に思いはかる）〉の四心所です。なお、〈悔〉〈眠〉と〈尋〉〈伺〉の二つにはそれぞれ、染《ぜん》（不浄）と不《ふ》染《ぜん》（浄）の場合があり、それによって性質が変わります。《不定》といわれるゆえんですが、これら四つの心所は《遍行》《別境》《善》《煩悩》《随煩悩》のいずれにも入らないものでもあり、いわば「その他」とでもいうべき分類

です。

（一五）ところで、眼・耳・鼻・舌・身・意の六識心王は、根本識（阿頼耶識）をよりどころとしています。このなか、眼・耳・鼻・舌・身の五識は、縁にしたがって現われ、場合によって倶《とも》にはたらいたり、そうでなかったりします。それは、いずれの波（五識）も水（根本識）によっている、と喩えられるでしょう。

（一六）一方、意識は、ほぼ常にはたらいています。ただし、私たちが無想天と呼ばれる色《しき》界のかなり上層に生まれたときや、または、二種の深い瞑想に入った場合は、はたらきません。むろん、熟睡や気を失った場合も、意識ははたらきません。

（一七）これまで、三能変の八識心王とそれらに相応してはたらく五十一心所について述べてきました。まさに、それら心王と心所こそがさまざまに変化・展開して、私たち一人ひとりが経験する現実の世界をつくり出しています。その要点をいえば、八識のそれぞれが変化して、分別《ふんべつ》するものと分別されるものとの二つの領域に分かれ、それによって、いわゆる認識が成立するのです。

私たちはふつう、認識というのは主観と客観とによって成立するものと思っています。つまり、外界に実在する客体を、わが主観が知るわけです。それがたとえ、自分自身を知る場合であっても、自己をいったん外に投げ出して対象化して知るのですから、事情は同じです。

しかし、現実は、実はそうではないのです。わかり易く、いわゆる心に相当する第三能変の意識を例にとれば、その意識の識自体が変化して、分別する側と分別される側という二つの領域に分かれる――。いってみれば、そこが認識の現場です。しかしというか、だからというか、その現場で起っていることは、実体としてあるものではありません。でも、そういう心の転変、変化は否定できないでしょう。つまり、あるのは唯識《ただこころ》だけ、すべてはわが心の展開なのです。

〔一八〕――あるのは唯識《ただこころ》だけだ。という主張には、いくつかの疑義がもたれています。そのなか、やはり一番の疑問は、外界に実在する認識対象がないのに、どうして分別、つまり、認識が成り立つのかという問題です。これについては、次のように答えたいと思います。

あらゆることの一つ一つは、大本《おおもと》の阿頼耶識にプールされているそれにかかわる過去の行動情報（種子《しゅうじ》）がいろいろ複雑に展開することによって生起します。つまり、根本識の阿頼耶識とそこから転変した意識下の末那識や表面領域の六識、また、それらに付随してはたらく五十一の心所――。そのそれぞれが変現して、分別するものと分別されるものになるのですが、それらが相互にかかわり合うこと〔展転力《ちんでんりき》〕によって、日常を構成するさまざまな分別が生ずるのです。残念ながら、私たちのそういう分別はみな虚妄《こもう》なものですけれど。

〔一九〕また、こんな疑問があります。私たちというのは、外界に実在するものを対象にして、それが好都合なものであれば貪《むさぼ》り、不都合なものは排除しようとする。そして、とにもかくにも都合よく・機嫌よく暮らしたい。――というわけで、私たちにあっては、そういう外界の実在に対する強烈な執着（煩悩、惑）にもとづいて、さまざまな行為（業《ごう》）を起し、その結果、来世にほぼ苦の報いを受けるという。これを「惑業苦《わくごつく》」といい生死輪廻《しょうじりんね》の次第を示しているが、すべては唯識だと述べ外界の実在を否定して、そもそも執着がどうして生じるのか。はたまた、執着にもとづく生前行為のかずかず、そして、その果報――。つまりは、生死の相続はどうなるのか、という疑問です。これについては、次のように答えたいと思います。

私たちは、さまざまな行為・行動を重ねて一日一日を暮らしていますが、そういう善や不善の行動情報は、すでに「過去から未来へとトギレることなく連続する」と指摘しておいた阿頼耶識に送りこまれ、プールされます。生死輪廻を考える場合、やはり、そうしたもろもろの行動情報と、それらが集積される阿頼耶識に注目すべきではないでしょうか。

それともう一つは、私たちがものごとを理解する時、ほとんどの場合、ことば（名言《みょうごん》）を用いて主観と客観という二元対立の世界を仕立てあげ、その上で、目の前に繰り広げられることがらを理解しています。イヤ、理解した気になっているだけで、じっさいには、そのことばに正確に見合うものなどなく、いわばそういうことばが独り歩きしている状況です。端的にいって、それはもう虚妄の世界そのものですが、善や不善の行動情報には、そういうことばによる情報という側面もあります。

もとより、それらは二つで一つですが、便宜的に分けて、前者を「諸業の習気《じっけ》」（業種子）、後者を「二取（能取・所取）の習気」（名言種子）といいます。そして、それらが相互にかかわり合う中に、今生《こんじょう》に現われた阿頼耶識が尽きても、次生の阿頼耶識が生じます。そして、阿頼耶識の中身というべき過去の行動情報群が引き継がれて、いわゆる生死相続が行なわれます。なお、今生に現われた阿頼耶識が一定期間を経て滅び、そして、次生に現われる阿頼耶識は、どちらも前の生存の果報としてのものです。そこで、その場合の阿頼耶識を、果報の意味をもつ「異熟」の語で示すのです。

〔二〇〕ところで、私たちは一体、どのような世界に住んでいるのでしょうか。このことを改めて考えてみたいと思います。私たちはそこまで鉄面皮でもありませんから、さすがに完ぺきとはいえませんが、それでもまあ、それなりに真っ当な判断にもとづいて生活している。つまり、ほどほどに清く正しい世界に住んでいる。――と、臆面もなく思っているわけです。

しかし、すでにみてきたように、私たちの分別(認識)は、八識のそれぞれが変化・展開して、分別するものと分別されるものという二つの領域に分かれることによって成立するものでした。そうした唯識の知見にもとづくならば、私たちの認識というのはどうやら、なんらものごとの実像を捉えるのでも、また、あるものをあるがままにみているのでもなさそうだ、と気づかざるを得ません。

そこでまず、私たちの日常世界とはどういうものなのか、それを端的に示すことにしましょう。そしてつぎに、一般的にみて、世界というものはどのようにして成り立っているのかを確認し、最後に、私たちが真に求めるべき理想の、というか、あるがままの世界について考えてみたいと思います。

はじめに、私たち一人ひとりの日常世界ですが、その要点をいえば、その時々のさまざまな思い計らいをからませて成り立っています。しかもそればかりか、その目の前の状況が好都合ならば貪り、不都合ならば毛嫌いするという執着の構図を重ねる念の入れようです。これを遍計所執《へんげしょしゅう》というのですが、そういう生活現場が、さも自分の認識している通りに展開している、とも思っています。が、そんな世界は自分の思い計らいや執着によって演出されたものにすぎず、実はどこにもないのです。

〔二〕私たちの日常は、さきほどみたように、遍計所執の世界ですが、つぎに、一般的にみて世界というものはどのようにして成り立っているのかを確認しましょう。むろん、勝手な思い計らいや執着はいけませんが、そういう世界も、ある絶対条件の下、単独に在るわけではありません。やはり、さまざまな原因が一定条件の下、一時的に和合して成り立っています。つまり、元来は、縁起（さまざまな縁によって生起する）の性質のものです。唯識ではそれを、依他起《えたき》（他に依《よ》って起るもの）というのですが、どのような世界であれ、この依他起ということが在り方の基本です。

さて問題は、私たちが真に求めるべき世界です。唯識ではこれを、円満に完成された真実の世界という意味で、円成実《えんじょうじつ》といいますが、これも、依他起の性質がベースになります。ただし、その上によからぬ思い計らいや執着を一切加味しない、というよりむしろ、つねにそうした遍計所執の無縄自縛を隔絶した世界——。それが円成実の世界です。

〔二二〕したがって、円成実と依他起との関係は、異なっているのでもないし、異なっていないのでもない。——という、はなはだ微妙な関係です。つまり、円成実と依他起とは、別のものでも同じものでもないのです。

それはたとえば、無常という事実と真実のようなものでしょうか。すべては無常だという事実も、勝手な思い計らいや執着が加われば、たちまち事実無根の遍計所執に成り下がります。そうならないためには、それがまず、曲げようのない真理・真実だと深く心に刻むことではないでしょうか。すなわち、円成実という真実を見ないかぎり、依他起の事実もみえてこないのです。

〔二三〕これら遍計所執性《しょう》・依他起性・円成実性という三つの世界の在り方（三《さん》性《じょう》）は、どちらかといえば、「有《う》」の視点からの考察でした。こうした三性をもとに、つぎに「空《くう》」の視点から、そのそれぞれに対応する三無性を示すことにしましょう。この三性と三無性は、二つで一つ。これをセットで受けとめてはじめて、世界の在り方を十全に明らかにすることができるのです。

というのも、私たちは、有ると聞けば、それがどのようなものであっても、実体的・固定的に理解しがちですし、さらには、それに自己の都合を投影し、執着してかかります。そこで、仏陀はかつて般若経典の中で、――すべては空《くう》（無自《むじ》性《しょう》）なのだ、と説かれたのです。つまり、実体的で不変なものは何もない、と、否定的に述べて注意を喚起されたのです。ただ、そうした教説は、ともかくも私たちの執着を断ち切らせるという特別な意図をもった提言で、その意味では、必ずしも十分なものではありませんでした。

（二四）さて、三無性の最初のは相無性《そうむしょう》です。次のは無自然《むじねん》の性、これをふつう生《しょう》無性といいます。そして最後のは、執着の対象である自己と自己にかかわるすべてのことがらを遠くに手放し、隔絶したところに顕《あらわ》れる性質のものです。

（二五）そこでは、すべて（諸法《しょほう》）がそれそのもの、あるがままのスガタを顕《あらわ》します。それはなによりも勝れたことですから、まさに諸法の勝義《しょうぎ》というべきもの。これをふつう勝義無性といいます。いわゆる真如《しんにょ》（真理・真実）と同じ意味です。これは常如《じょうにょ》、常にそれそのものとしてあるもので、私たちの真に求めるべきものです。そして、それは唯識という知見を深く学修する中に顕れてきますので、ここに「唯識実性《じっしょう》」と表現したいと思います。

〔二六〕さて、その唯識実性という真実の世界に至る道ですが、おおよそ五つのステージが考えられています。その最初は〈資糧《しりょう》〉と名づけられる階位です。ここでは、すでに発心して唯識の知見を深く学びつつあるのですが、唯識実性そのものには、まだ遠くおよびません。というか、まだまだ自己と自己にかかわるものとに対する執着を抑制することさえできないのです。しかし、そうでありながらも、日常的に菩薩行を実践し、真実の世界を窺《うかが》う糧をひたすら積む――。それがこの階位の特徴です。

〔二七〕その次は、〈加行《けぎょう》〉という名の階位です。ここでは、前段で積み上げた膨大な資糧をもとに、唯識実性への道をますます力強く進みます。ただ、識が転変して分別する側（見分）と分別される側（相分）に分かれることによって認識が成り立っているということが、まだ完全に納得できていない状況です。そのため、心に浮んだ真如（という相分に過ぎないもの）を真如そのもの、つまり、それこそ唯識実性だと勘違いするのです。そもそも真如は、見分・相分とか、主観・客観というような二元対立の構図で把捉《はそく》できるものでありませんから、この階位では、まだ唯識実性の何たるかが理解されません。

〔二八〕第三は、〈通達《つうだつ》〉という名の階位です。この階位では、前段の加行によって汚れのない智慧が一分開発されると考えられています。その智慧は無分別智《むふんべつち》といわれるもので、あらゆるものを対象化して知るのではなく、照見してその本質を洞察します。そして、そうした無分別智のはたらきによって、私たちは真如のなんたるかを了解します。つまり、ここにおいて、ついに真如に通達するわけです。

〔二九〕次の階位は、〈修習《しゅじゅう》〉と呼ばれます。無分別智がいよいよ輝いて、そこは、みる・みられるという次元、つまり、私たちの思議・分別をはるかに超えた世界です。このステージではもはや、自己と自己にかかわるものに対する執着はおのずから脱落し、なにごとも、智慧を依《よ》りどころに組み替えられます。もうまったくの別世界ですが、そういう状況のなかで、なおも長大な時間、身心の練磨と調整に明け暮れます。

〔三〇〕そして、いままでの唯識学修が報われて、ついに究極のステージ〈究《く》竟《きょう》〉に入ります。自己と自己にかかわるものへの執着という二つの障害を完全にクリアーし、識から智慧に依りどころを転換しましたから、そこはもう、汚れのない清浄な世界です。そこは、私たちの常識というか思議をはるかに超えた境地であり、完ぺきな善に満たされているでしょう。また、真理真実の世界ですから、浮き草のように漂い移りゆくものではありません。そして、内なる障害がことごとく取り除かれたのですから、まさに安楽の境地というべきです。

むろん、自己執着だけを手放しても、その意味で、束縛から解放された者ということができます。しかし、自己にかかわるものへの執着がそのままなら、その解放は決して完全とはいえません。ここに、唯識学修の菩薩は、自己と自己にかかわるすべての執着をことごとく捨て、無分別智を依りどころとし、ついに言語を絶した深い静寂の境地に至ります。それはまさに仏身《ぶっしん》、仏たる者といえましょう。

〔結びの頌〕以上、清らかな教えと正しい考え方・ものの捉え方によって、すべてはわが心の展開だという真実と、それについてのさまざまなことがらを学んできました。

この学修によって幸いにも、なにほどかの功徳が獲《え》られたのであれば、まずは、それをいのちあるものたちにふり向けたいと思います。そして、皆と共に速やかに、清浄な仏の世界に参入できますよう祈ります。

序章　はじめに

一　帰敬の頌

〔帰敬《ききょう》の頌《じゅ》〕

1　稽首唯識性　　唯識性《しょう》において、
2　満分清浄者　　満に分に清浄なる者《ひと》を稽首《けいしゅ》す。
3　我今釈彼説　　我、今、彼《か》の説を釈し、
4　利楽諸有情　　諸《もろもろ》の有情《うじょう》を利楽せん。

（現代語訳）

〔帰敬の頌〕すべてはわが心の展開だという真実を前にして、私は、仏陀と菩薩、とりわけその真実を簡潔に示された世親《せしん》菩薩に深く首《こうべ》を垂れます。そして、その真実の世界に、私もまた深く分け入り、あらゆるもの・あらゆることがらを心の問題とし、すべてを心の要素に還元して考え、いのちあるものたちを利楽したいと思います。

これから、唯識仏教のもっとも基本的なテキストである『唯識三十頌《じゅ》』を読みます。『三十頌』は、西暦五世紀頃のインドに出た世親（ヴァスバンドゥ）という学僧の著作です。世親は、実兄の無著《むじゃく》（アサンガ）とともに唯識仏教を大成した人で、ここに唯識の考え方を三十の頌によって簡潔に説き明かしています。頌とは、韻をふんだ詩や歌のことです。世親の原典を漢訳した玄奘《げんじょう》三蔵（六〇二～六六四）は、それを五字一句・四句一頌の形で訳出しています。

巻頭にあげた『唯識三十頌』の全体をごらんください。そこでは、三十の頌の前後に、それぞれ一頌ずつ付け加えられています。それらは、いってみれば、プロローグとエピローグです。プロローグの一頌は本文にあたる三十頌と同じ形の頌ですが、エピローグの頌は一句が七字で構成されています。どちらも後世の注釈家が付加したものですが、『唯識三十頌』は、古来、このように三段構成で示されます。本書もそれにならい、順次読んでいきたいと思います。

唯識仏教は「すべてはわが心の展開である」と考えるのですが、それが「唯識性」です。そういう唯識性、すべてはわが心の展開だという真実を前にして、満に分に清浄なる者を稽首します――、という書き出しです。「稽首」は首を地に稽《いた》らしめることで、帰敬《ききょう》や帰依の意味です。このプロローグが「帰敬の頌」と呼ばれるのは、そのためです。

帰敬頌2の「満に分に清浄なる者」とは、満清浄者と分清浄者ということです。満清浄は、すべてが清らかだという意味で、仏陀を指しています。一方、分清浄は、まだすべてが清浄ではなく、満清浄の仏陀を目標に仏道をあゆむ菩薩のことです。しかし、古くから、具体的には『三十頌』の著者の世親を指していると考えられています。唯識を立場とする法相《ほっそう》宗の開祖・慈恩大師基《き》（六三二〜六八二）が、世親について次のように述べていますので、そのことがわかります。

――世親は地前《ちぜん》の菩薩なりといえども、唯識性において決定《けつじょう》して信解《しんげ》したまえり。未だ真を証せずといえども、また随って修学し分に所得あるが故に、分浄者と名づく。

（『成唯識論述記』、傍点・引用者）

世親が地前の菩薩だというのは、唯識仏教が示す菩薩の階位（四十一位……十住・十行・十回向・十地・仏果）のなか、まだ十地に到っていない菩薩だという意味です。つまり、まだ十分ではないけれど、「唯識性において決定して信解し」ていて、真実のある部分は覚知している。ゆえに、「分（清）浄者」だというわけです。

ちなみに、慈恩大師のこの文章のなかで注目しておきたいのは、「唯識性において決定して信解したまえり」の一文です。世親は、すべてはわが心の展開であるという真実に心を定めて一途《いちず》だ、というのです。

私たちは常日頃、いろんなものを対象にして認識作用を重ねています。そのとき、認識の対象がそのまま外界に実在していて、私たちは直接、それを見聞きしているのだと思って疑いません。そしてまた、自分自身をも対象化して、その実体的存在を当然視していま す。そうしたいわば常識を、唯識は真っ向から否定します。そして、すべてはわが心の展開、つまり、認識の対象もまた、わが心が造り出したものだと考えるのです。

そうした唯識性を確信して、いささかもブレない――、世親はそういう人だというのです。その世親をとりわけ稽首するとは、そういう世親をお手本にするということでもあるでしょう。これから『三十頌』を読み、唯識の思想を学ぼうとする私たちもまた、世親のそうした唯識性への姿勢に自らを重ねていきたいと思います。

そして、このプロローグにあたる帰敬頌3・4「我、今、彼の説を釈し、諸の有情を利楽せん」では、すべてはわが心の展開だという世親が示す唯識の世界に大きくふれつつ、諸有情（生きとし生けるものたち）を利楽しようという誓願が掲げられています。唯識仏教の究極の目的といえるものです。

帰敬頌のこの二句は、エピローグの一頌、とくにその後半と呼応しているでしょう。つまり、そこでは「利楽」の具体的な意味が、――唯識をめぐるさまざまなことを学んで得られた功徳、それを群生《ぐんじょう》（諸の有情）に施しながら、その群生と共に速やかに無上の覚《さとり》に到達しようではないか、と敷衍《ふえん》して述べられています。

もとより、その無上の覚が、「すべてはわが心の展開であるという真実」そのものであることは、いうまでもないことです。

二　すべては唯識（提示）

（一）

1　由仮説我法　　仮《け》に由《よ》って我《が》・法《ほう》ありと説く。

2　有種種相転　　種種の相、転ずることあり。

3　彼依識所変　　彼は識《しき》の所変《しょへん》に依《よ》る。

4　此能変唯三　　此《こ》の能変《のうへん》は唯し三つのみなり。

（二）

1　謂異熟思量　　謂《い》わく異熟《いじゅく》と思量《しりょう》と、

2　及了別境識　　及び了別境《りょうべつきょう》との識なり。

（現代語訳）

（一）すべてはわが心の展開であり、あるのは、唯識《ただこころ》だけだ――。という主張について、他ならぬこの自分も、それから、世のいろんなものも有るじゃないかという反対意見があります。が、どんなものも、不変で実体として有るとはいえない。もちろん、虚無というか何もないわけでもない。

すべては、変化のさなかに一瞬一瞬有る。実有《じつう》ではないけれど、さまざまなものが時々刻々に仮に和合して有る——。そういう仮有《けう》としての自分やいろんなものは、認めるべきでしょう。

そして、そういうものが、さまざまなスガタを展開している——。それが私たち一人ひとりが経験する現実の世界であり、その世界は、まさにわが心がつくり出したものなのです（識の所変《しょへん》）。そして、そのつくり出す心（能変《のうへん》）に三つあることを述べて、すべてはわが心の展開、すなわち、すべては唯識だということをここに提示します。

〔二〕その三つの能変とは、異熟《いじゅく》識と思量《しりょう》識および了別境《りょうべつきょう》識です。なお、識体としては、追って述べるように八つあり、これを八識心王《しんのう》といいます。心王とは、心の中心の意味です。

『唯識三十頌』の本文は、このようにしてはじまっています。冒頭、いきなり「仮に由って我・法ありと説く」と述べられています。これではちょっとわかりませんので、現代語訳では、その前提となる唯識仏教についての反対意見も入れながら、訳出しました。

世親が活躍した頃、唯識説に対するさまざまな論難がありましたが、その根本の問題はやはり、我《が》と法《ほう》についてどう考えるか、ということでした。そこでまず、この点について、世親が自らの立場を明らかにしたわけです。

我と法の説明では、必ずといってよいほど次の定義が示されます。

我……常《じょう》、一《いっ》、主宰《しゅさい》

法……任持《にんじ》自性《じしょう》、軌生物解《きしょうもつげ》　自性を任持し、（その）軌、物解を生ぜしむ。

つまり、我とは、常に存在する一なるものであり、さまざまなはたらきを主宰するもの。また、法とは、他にはないそれ自身の特性をもっていて、その自性ゆえに、認識の対象となって一定の理解を生じさせるものです。しかも、これらは不変で実体として有る――。その点を強調して「実我実法」ともいうのですが、こうした考え方は、仏教以前からインドで行なわれており、現在にいたっても、なお根強いものがあります。

「我とは常・一・主宰、法とは任持自性・軌生物解」などというと、何やら難しく聞こえるのですが、ある意味では、私たちの常識の内容そのものだともいえます。

たとえば、私たちはオギャアと生まれてこのかた、絶えず変化しつづけて、こんにちただいまここにいます。成長も老化も変化ですから、私たちが不変でないことはたしかです。

しかし、そうして変りながらも、変らない何かが自分の中にある――。そういう動かしがたい気分というか感覚が、私たちには厳然とあります。

自己の中にあると思われるその不変な核は、まさに常・一・主宰そのものでしょう。そういう実我を認める生活は、自己執着心をあおるのは必至で、ひたすら自分にとって好都合なものの不変・実在を求めては、自ら苦悩や悲嘆のもとを抱えこむばかりです。つまり、実我と実法とは別々のものではなく、一体の、あるいは、相互に影響し合う一対のものと考えられます。

仏教の空《くう》の思想は、こうした実我実法が導き出す不変で実体的なもののスガタ、あるいは、外界は実在するのだという根強い考え方を、真実のスガタを捉《とら》えていないと真っ向から否定します。すべては流転し生滅するものとして考える、あるいは、刹那《せつな》に滅するものとして捉える――、それが「空」の考え方です。まさに「一切皆空（一切は皆、空）」こそ、この世の真実のスガタです。

ただ、この卓越した考え方は、誤解されたり曲解され易いのです。私たちはもともと実有や実在志向ですから、それを「刹那滅」と指摘されたら、どうしても「無」ということを想起してしまいます。日常生活者としては、それでは、取りつく島がない――。生活を構築する手がかりを見失った気分に陥ってしまいます。

こうした空の虚無性を脇に押しやり、同時に、実有を否定するのが、『三十頌』冒頭の、第一頌1「仮に由って我・法ありと説く」です。自分も自分をとりまく状況も、さまざまな要素や条件（因・縁）が一時的に和合して有る――。そういう仮有《けう》の存在です。すべては刹那滅なのですが、縁が欠けず一定の条件が保たれたならば、前滅後生《ぜんめつごしょう》して次刹那に相続されるわけです。こうして多刹那にわたって、ともかくも存続すれば、人情としては、そこに不変な実在を認めたくはなります。しかし、こうした存在も仮有の相続であって、もちろん変化の中のことがらです。

そして、そうした仮有としての我や法が、さまざまなスガタで展開している――、それが私たちが生活する世界だという指摘が、第一頌2の「種種の相、転ずることあり」です。第一頌3の「彼」は、それを承《う》けたもので、「識の所変」によるのだと説かれています。

この「識の所変」というのは、認識の主体（これを自体分といいます）が、見るもの（見分）と見られるもの（相分）とに変化した、その見られるもの（相分）のことです。つまり、認識の対象のことです。認識対象のことを「境《きょう》」ともいいますが、その境は、主観を離れて客体として実在するものではなく、心の変化によって出てきたもの（所変の境）だと考えるのです。

私たちの常識では、たとえば自己を離れて存在する客体をとらえて、かくかくしかじかと主観が認識する――。しかし、唯識仏教ではそうした主客二元ではなく、どこまでも心の中の問題として考えます。いわば、心の上に浮んだものを心が見ている――。私たちの認識とは、そういうものだというわけです。

このことについて、『唯識三十頌』の注釈書は、次のように述べています。

――変とは謂《い》わく、識体（自体分）転じて二分（相分と見分）に似《の》る。……その二分に依《よ》って我・法を施設《せせつ》す。（『成唯識論』、カッコ内・引用者）

唯識仏教ではあまりにも有名な一文なので、あえて引用しました。細かな注釈は省きますが、すべてを心の変化と捉える立場がみてとれます。認識作用というのは、わが心が変化して、見る領域（見分）と見られる領域（相分）に分かれることによって成り立っている。そして、その二つの領域にもとづいて、我も法もつくり上げられる――。先ほど、仮有としての我や法がさまざまなスガタで展開しているといいましたが、つまり、それらも主観を離れて客体として展開しているのではないということです。まさに、すべては唯識ということを明確に示しています。

そして、所変の境を能変するもの（識体）について、第一頌4は「此の能変は唯し三つのみなり」と述べ、それにつづく第二頌1・2では、その三種の識体が、

異熟識

思量識

了別境識

であることを明らかにしています。

この後、これら三種の能変について、その要点が述べられるのですが、ここであらかじめ、さまざまな名称を整理して、心の構造を左に図示しておきたいと思います。

・前五《ぜんご》識（眼《げん》・耳《に》・鼻《び》・舌《ぜつ》・身《しん》の五識）	第三能変	了別境識	表層心	転識
・第六意識	第三能変	了別境識	表層心	転識
・第七末那《まな》識	第二能変	思量識	深層心	転識
・第八阿頼耶《あらや》識	初能変	異熟識	深層心	本識

このように、唯識仏教は私たちの心を、表層心と深層心、そして、転識と本識という二種の重層構造で捉えようとしています。追って、学んでいきたいと思います。

第一章　心の構造とその展開

一　初能変　第八阿頼耶識―私たちを根底から支えるもの―

〔二〕

3 初阿頼耶識　……　初めのは阿頼耶識《あらやしき》なり。

4 異熟一切種　……　異熟なり、一切種なり。

〔三〕

1 不可知執受
2 処了常与触
3 作意受想思
4 相応唯捨受　……　不可知の執《しゅう》・受《じゅ》・処《しょ》と、了《りょう》となり。常に触《そく》と作意《さい》と受《じゅ》と想《そう》と思《し》と相応す。唯し捨受《しゃじゅ》のみなり。

〔四〕

1 是無覆無記
2 触等亦如是　……　是《こ》れ無覆《むふく》無記なり。触等も亦《また》、是《かく》の如し。

3　恒転如暴流　恒《つね》に転ずること暴流《ぼる》の如し。

4　阿羅漢位捨　阿羅漢《あらかん》の位に捨す。

（現代語訳）

〔二〕三つの能変のうち、最初に挙げるべき識体は、阿頼耶《あらや》識です。異熟識とも一切種子《しゅうじ》識ともいいます。

〔三〕阿頼耶識は、心の深層領域に茫漠《ぼうばく》と広がる無意識の世界です。そのため、この識体（心王）の認識対象のことも、その対象を知るはたらきのことも、全貌《ぜんぼう》をつまびらかにすることはできません。

この心王に付随する心所《しんじょ》（心のはたらき）は、ごく基本的なものと考えられます。それらは、

〈触《そく》（心を認識対象に接触させる）〉

〈作意《さい》（心を起動させる）〉

〈受《じゅ》（認識対象を、苦または楽、あるいは、そのどちらでもないと受けとめる）〉

〈想《そう》（受けとめたものを自己の枠組みにあてはめる）〉

〈思《し》（認識対象に具体的にはたらきかける）〉

の五つです。なお、阿頼耶識に付随する〈受〉は、くわしくは〈捨受《しゃじゅ》（認識対象を、苦でも楽でもないと受けとめる）〉です。

〈四〉また、阿頼耶識の性質は善でも悪でもなく、無記（ニュートラル）です。だから、そして、仏道を歩む上で障害になるようなものとも関係がありません。

この心王に付随する〈触〉などの五つの心作用の性質も、右に同じです。

阿頼耶識は、過去から未来へとトギレることなく連続するわが身心の基盤です。それはまさに、永遠の上流から大きくうねりながら流れきて、とどまることなく、なお下流へと流れ去ろうとする大河に喩《たと》えられるでしょう。

こうした阿頼耶識は、阿羅漢《あらかん》と呼ばれる清浄な境地に至れば、止滅すると考えられます。

アーカイブされる行動情報
『唯識三十頌』の第二頌3・4から第四頌までは、初能変の阿頼耶識のことが簡潔に説明されています。
阿頼耶とは耳慣れないことばですが、サンスクリット語のアーラヤの音写です。「蔵」

や「倉庫」の意味ですので、「蔵識《ぞうしき》」と意訳されます。問題は、その阿頼耶識が何を所蔵しているのかということですが、端的にいえば、他ならぬ自分の過去のあらゆる行動情報です。その行動情報のことを、唯識仏教では「種子《しゅうじ》」といいます。そういう種子をすべて所蔵している——。だから、阿頼耶識であり「一切種子識」なのだというわけです。

私たちの行為とか行動（これを業《ごう》といいます）は、済めば終わりというものではありません。必ずその印象や気分が、自分のどこかに残ります。現代的にいえば、行動の情報が残る。もし何も残らないのなら、どんな学習もお稽古もトレーニングも徒労にすぎないでしょう。はっきりいって無駄な努力です。しかし、筋力アップの地道なトレーニングが筋肉を着実に蓄積していくように、行動の情報も、当然、蓄積され保存される——。その場を心の深層領域に想定して、それを阿頼耶識と名づけ、また、その保存される内容から一切種子識とも呼ぶわけです。なお、せっかくついた筋肉も、トレーニングを休めば、もののみごとになくなりますが、阿頼耶識中の種子は、劣化せずアーカイブされると考えられています。

ちなみに、業について、「身《しん》・口《く》・意《い》の三業」というのがあります。身業は身体的動作をともなうもの、口業はことばによるもの、意業は心中の思いや心に広がるイメージです。身業と口業は、他者《ひと》の目や耳にさらされるものですが、意業は心の中のできごとですから、そのかぎりにおいて、他者の理解が行き届きません。

私たちの日常は概《おおむ》ね、好都合はわが身に引き寄せて愛《いつく》しみ、不都合は毛嫌いして、できるだけ視野の外に押し出そうとします。後者はいわゆる排除の論理ですが、それでも気持ちがおさまらない場合は、あんな不都合なヤツはいなければいいんだ。と、わずかなりとも心を黒くすることもあり得る……。そのわずか一瞬に動いたどす黒い憎悪の情、つまり、そうした意業の行動情報（種子）もまた、間髪《かんはつ》を容《い》れず、他ならぬわが心の深みに送りこまれ、保存されるというのです。

唯識仏教は、そうした心的メカニズムの全体を、

——種子生現行《しゅうじしょうげんぎょう》、現行熏《くん》種子、三法展転《さんぼうちんでん》、因果同時、
と述べています。

唯識仏教では、あらゆることがらが阿頼耶識によって生みだされると考えます。これを阿頼耶識縁起（略して、頼耶《らや》縁起）というのですが、そのことを端的に示したのが、冒頭の「種子生現行（種子は現行を生ず）」です。阿頼耶識中に所蔵されている種子が、条件が整えば、現行する——。つまり、過去のある行動情報から現実の行動が生起するのだという理解です。

なお、その阿頼耶識から生じた現行ですが、唯識仏教ではあらゆることがらを心の要素

に還元する立場ですから、現行とは要するに、阿頼耶識以外の心の動きに他なりません。前章のおわりに、唯識仏教は、私たちの心を「表層と深層」と「転識《てんじき》と本識《ほんじき》」という二種の重層構造で捉《とら》えていることを述べておきましたが、この種子生現行は、そのなか、転識・本識の関係を示すものです。

転識とは、前五識・第六意識・第七末那識の七つ。それで七転識ともいうのですが、それらは、第八阿頼耶識という根本の識体が転変した識体だという意味です。唯識の思想は、すべてのことがらはわが心の展開だと考えるのですが、具体的には、こうした識体の転変、つまり、心の変化による展開です。こうした「種子と現行」と「本識と転識」とを合せて表示すれば、上の図のようになります。

現行	←	種子
＝		＝
前五識	←	
意識	←	阿頼耶識
末那識	←	
＝		＝
転識	←	本識

このように、阿頼耶識中の種子から生じた現行は、その行動情報である新たな種子を阿頼耶識に植えつけます。それが「現行熏種子（現行は種子を熏習《くんじゅう》する）」です。熏とは熏習のことで、その行動の本質的なものが、移り香のように心の深みに移ることです。いずれにせよ、その行動情報が阿頼耶識に送りこまれ、劣化せず永くアーカイブされるのです。

そして、「三法（三つのもの）」とは、

①種子生②現行　②現行熏③種子

の三つで、それらが互いに因となり果となって連鎖して展開し、その因果は同時だというのです。因果同時とは、因と果との間に隙間《すきま》がないということです。つまり、因と果との間に何か別な要素を挿《さしはさ》んで、異なる結果に誘導することなぞできない――。唯識の行為論・行動論には、こうした言い訳のきかない・ごまかしのきかない・すり替えのきかない厳しさがあります。一たび行なったことは、どのようなものであろうとも、他ならぬ自分が背負っていくしかない――。

現時点からみて、不都合きわまりない行動情報だからといって、阿頼耶識に手をつっこんで操作することはできません。意識し得ない深層領域がそういう重い意味をもっていることに、私たちは意を用いたいと思います。

なお、この三法について見落してならないことは、①の種子と③の種子とは違うのだということです。第一法の種子と第三法の種子とは、まったく異質なものではあり得ない。というか同じなのですが、それらは微妙に相異しているでしょう。また、そうしたものの積み重ねの中にこそ、私たちの進展も停滞も後退もある――。その点で、この三法は、はなはだ重大な意味をもっているといえます。

阿頼耶識の対象

第三頌1および2の「不可知の執受処《しゅうじゅしょ》」は、阿頼耶識の認識対象を取り上げています。
これについては、
　執――執持《しつじ》…「種子」を保持する
　受――受領・覚受……「有根身《うこんじん》」を支え、維持する
　処……「器界《きかい》」
と解釈されています。有根身は肉体、器界は自然、自己をとりまく環境です。つまり、阿頼耶識は、
　①過去の行動情報
　②肉体
　③自己をとりまく環境
の三つを対象にしている。まさに唯識――すべては心――ですが、阿頼耶識が私たちを根底から支えていることがわかります。

　種子については、前項で述べましたが、一つ補足しなければならないことがあります。それは、阿頼耶識に保持される「過去の一切種子」の、過去の範囲のことです。ふつう過

去といえば、生まれてから昨日までのことですが、ここにいう過去とは、前生も前々生も、さらには永遠の過去にもさかのぼるものです。

つまり、生の執着をきれいさっぱり捨てられないゆえに、私たちは永遠の過去から転生しつづけ、その永い旅路の果てに、こんにちただ今ここにいる——。そして、その永い旅路のなかで為《な》されたすべての行動の情報を阿頼耶識が保持しているということです。したがって、阿頼耶識の中にどんな行動情報がアーカイブされているか、それを知ることはおよそ不可能です。まさに、阿頼耶識に執持された一切の種子は「不可知」だという他ありません。

ところで、阿頼耶識が肉体を認識の対象としていることは、仏教が説く身心一如《しんじんいちにょ》の理論的根拠となるものでしょうが、こんにちの状況に照らしてもまた、実に興味深い見解だと思います。

それというのも、私たちの社会では平成九年（一九九七）に臓器移植法が施行されたのですが、その後、脳死による臓器提供は僅少《きんしょう》で、一〇〇例に遠くおよびませんでした。そうした状況をどうみるのか。それを、提供にかかわるハードルが高いから少ないのだとみて、法律を手直しする動きがあり、それは平成二十一年（二〇〇九）、改正臓器移植法となって成立しました。

本当にそうなのか、あるいは、本当にそれでいいのかどうか——。現に、しかしそれでも、平成九年の旧・臓器移植法施行後をふくめても、平成二十三年（二〇一一）四月現在、臓器提供は一二八例にとどまっています。

やはり、そうした法的技術の前に、臓器提供がきわめて少ないという事実こそ直視すべきではないか、あるいは、その事実そのものをそのまま受け止めるべきではないのかと思うのです。つまり、その前段の脳死という死の概念が、日本の文化からみて、やはり受け入れ難い——。いわばサイレント・マジョリティーのそういう素直な思いが反映されているように感じます。一つには、脳死という死の概念が、臓器のやりとりという部分の問題から出ているという不自然さです。死はまさに「全体」的なことがらですが、それが「部分」のことがらによって決定づけられるという奇妙さは、やはり、のみこみ難《にく》いのです。

もう一つは、心理学が発達して、意識は氷山の一角で、その水面下には膨大な無意識の領域が広がっていて、その全体が人間の心だということは、今や私たちの常識になっています。しかし、それにもかかわらず、脳死——臓器移植の議論、あるいは、臓器提供の問題が、意識のレベルでのみ推移しています。唯識の立場からみても、こうした状況に強い違和感を感じます。

すでにみてきたように、唯識思想では、肉体は第一義的に、阿頼耶識という意識し得ない深層心の認識対象です。脳死判定にもとづいて臓器を取り出し、それを移植することによって目の前の人が助かるのだというのが臨床の論理ですが、唯識を立場にするかぎり、自己のものといえども、それを提供する・しないの意思決定そのものが、いわば越権行為だと考えられます。そういう意思の決定は、意識のはたらきそのものだからです。

問題は、こうした阿頼耶識という深層心が肉体を認識の対象にしているという考え方をどう解釈するかでしょう。私はその点、意識のレベルで考えに考えぬいた結論や意思の決定だといっても、意識は氷山の一角であれば、やはり底の浅いものというべきではないかと思うのです。与えられた身心――与えられたいのちや肉体というものを、そういう浅い意識のレベルにだけ委《ゆだ》ねていいのか――。もっと深い問いかけが求められている、と受け止めたいと思っています。

なお、阿頼耶識の認識対象について、『三十頌』第三頌1は「不可知」だと指摘しています。すでに阿頼耶識そのものが深層領域であってみれば当然ですが、意識の知るはたらきを大きく超えたものだという指摘と理解され、このさい、はなはだ重大です。

阿頼耶識の認識対象の三つ目は、器界です。器世間《きせけん》ともいいますが、自然や自分をとりまく環境のことです。自分をとりまくそういう世界を認識するのは、常識的には、感覚や意識のはたらきでしょう。たとえば、深い森に入れば、五感も自《おの》ずから活発にはたらきます。目は木々の緑を、耳は小鳥のさえずりや風の音を、鼻は木の葉や苔《こけ》の匂いを、口は湧き出る清水を…と、からだ全体で森林浴です。そして、さわやかに解放される自分が意識されるでしょう。

しかし、唯識では、そうした前五識《ぜんごしき》（視覚・聴覚・嗅《きゅう》覚・味覚・触覚の五感覚）や第六意識の前に、第八阿頼耶識がまず器界を対象として捉えている——。そして、その上で、第六意識と前五識が動いているとみるのです。これはつまり、自分と自分をとりまく世界とが、私たちが感知したり意識する前に、すでにつながっている——、あるいは、本来つながっているという指摘ともみることができるのではないかと思います。

いま、私たちの社会では、「自然と人間」が重要なテーマとなっています。しかし、こうした対立的なテーマの立て方で、ことの本質が読み解けるのかどうか、はなはだ疑問です。つまり、「自然の一員の人間がどうあるべきか」が問われているのに、その「自然の一員」という本来が忘れられていると思うからです。現在行なわれている議論の多くは、地球温暖化など自然破壊が人間の生活を脅かすことに驚いて、その保護を念頭に、改めて自然を対象化したものでしょう。

しかし、本来、人間は自然の一員であり、自然と人間とがつながっている——。感覚や意識より先に、身体ともつながっている心の深いところですでに自然を対象化しているという指摘は、こうした環境の問題についても、重要な視点を提供しているのではないかと思います。

阿頼耶識の知るはたらき

第三頌1から4にかけての「不可知の……了《りょう》となり。常に触《そく》と作意《さい》と受《じゅ》と想《そう》と思《し》と相応す。唯し捨受のみなり」は、阿頼耶識の知るはたらきについて述べたものです。

認識は、いうまでもなく、知るものと知られるものとによって成立します。知るはたらき（これが、了です。了別とも）が対象の何たるかを知るわけです。その対象（知られるもの）については、前項でみた通りです。ただ、すでに何度も述べているように、唯識仏教でいうところの認識の対象は、どのようなものであれ、心外に客体としてあるのではなく、どこまでもわが心が転変して認識対象として展開したものです。

本書の冒頭で一瞥《いちべつ》したように、認識の主体（識体、これを自体分といいます）が、見るもの（見分《けんぶん》）と見られるもの（相分《そうぶん》）とに変化する。――「変とは謂《い》わく、識体転じて二分に似る。……その二分に依って我・法を施設」し、ここに認識が成立するわけです。いうまでもなく、相分が対象で、見分が対象を知るはたらきです（次頁の図参照）。

こうした了別のはたらきは、くわしくは相分・見分・自体分（自証分《じしょうぶん》とも）・証自証分の四分《しぶん》で説明されます。

四分説では、認識作用が起るとき、心それ自体（これが自体分です）が、そのはたらきにおいて四つの領域に分かれる――。阿頼耶識なら阿頼耶識の識体自体がまず、見るもの（見分）と見られるもの（相分）とに分かれます。これでいちおう、認識は成立しますが、その認識はもとより自覚的で、確認できるものです（第八阿頼耶識のはたらきは、第六意識にとって不可知ですが、阿頼耶識自体は自覚し確認している）。その確認作業は、見分と相分を転変した自体分のはたらきと考え、このときの自体分を自証分といいます。そして、その自証分のはたらきをさらに確認する証自証分を立てて、認識作用の全容を示しています。

相分	←	見分
↑		↑
自	体	分

まさに、すべては心の展開です。私たちは、ふつう、外界に実在するものを直接知覚し認識していると思っていささかも疑いませんし、自分自身もまた対象化して認知するのですが、実は、自分の心が、このように転変して現われた相分を見ている。こうした識の転変について、『成唯識論』は、――

或《あるい》は復《また》、内識転じて外境《げきよう》に似る。

という説も紹介しています。それによれば、外境に似た影のごとき像を対象にして、私たちの認識が成立しているということになります。認識対象の相分を「影像《ようぞう》」ともいうのですが、いずれにせよ、私たちの認識はどうやら、対象をあるがままにみているのではないようです。

その転変の最初、初能変が（過去のあらゆる行動情報を保持する）阿頼耶識だということは、過去の経験の総体がまず認識に影響をおよぼしているということでしょう。三能変を三層のフィルターに喩《たと》えれば、私たちの認識はまず、「阿頼耶識が種子として保持する過去」というフィルターを通して行なわれるといえるでしょう。

ところで、『三十頌』は、阿頼耶識に付随する心のはたらき（これを心所《しんじょ》といいます）は〈触《そく》〉〈作意《さい》〉〈受《じゅ》〉〈想《そう》〉〈思《し》〉の五つだと述べています。

心所については、ほぼ第二章にゆずりたいと思いますが、阿頼耶識と相応する五心所は《遍行《へんぎょう》》と呼ばれるグループに部類分けされる基本的な心のはたらきです。《遍行》は「遍《あまね》く行なわれるもの」という意味で、およそ心が動くときは必ずはたらくものです。

〈触〉……心を認識対象に接触させる
〈作意〉……心を起動させる
〈受〉……認識対象を、苦または楽、あるいは、そのどちらでもないと受けとめる
〈想〉……受けとめたものを自己の枠組みにあてはめる
〈思〉……認識対象に具体的にはたらきかける

この《遍行》の五心所ですが、同じ世親菩薩の『大乗百法明門論《だいじょうひゃっぽうみょうもんろん》』では、〈作意〉

〈触〉〈受〉〈想〉〈思〉の順序で列挙されています。つまり、心が対象に触れることによって起動するのか、それとも、心が起動して対象に接触するのか、ということですが、実際は、〈触〉も〈作意〉も、また、それらをよりどころにする〈受〉も〈想〉も〈思〉も、一連のもの。みな、一瞬の内にはたらく――。阿頼耶識という識体自体が転変して、見分と相分とに分かれるその瞬間に、これら五心所もほぼ同時にはたらくのでしょう。

ちなみに、識体（これを心王《しんのう》といいます）と心所との関係ですが、

心王……総相を取る
心所……総相と別相を取る

と考えられています。総論と各論に置き換えれば、理解し易いかもしれません。まず心王が対象を概括的に認識し、それにもとづいて心所が詳細に動いていきます。これは、前五識から第八阿頼耶識までの八識心王とそれぞれに相応・付随する心所の関係にあてはまります。

なお、これら五心所の中、〈受〉について、『三十頌』第三頌4は「唯し捨受《しゃじゅ》のみなり」と注記しています。〈受〉の心所はすでに一瞥《いちべつ》したように、対象をどう受けとめるかというはたらきですが、阿頼耶識は対象を〈捨受〉する――。つまり、〈苦受〉でも〈楽受〉でもない受けとめ方をするというのです。対象を苦や憂い、あるいは、楽や喜びと感受す

れば、その後の展開はいきおい、苦・憂―回避、楽・喜―接近という図式になるのは必定です。が、阿頼耶識は、そういう苦や楽あるいは憂や喜を超えて、ものごとを大きくそのまま受けとめるというのです。

私たちは、何ごとにも好悪の感情をからませてしまいます。それに自分の都合を押し出して、何かと波立った日常をおくっています。しかし、それは浅い意識レベルの動きにすぎない――。阿頼耶識は、対象のすべてを〈捨受〉して、私たちを根底から大きく支えていることがわかります。

阿頼耶識の性質

第四頌1・2「是《こ》れ無《む》覆《ふく》無《む》記《き》なり。触等も亦《また》、是《かく》の如し」は、第八阿頼耶識の性質について述べています。

私たちはすぐ、ものの善し悪しを問題にしますが、仏教では、善でも悪でもないことも一つの性質だとみて、善性・悪性に並べて無記性を立てています。そして、阿頼耶識はその無記の性質だと考えています。

さきほど、行動の情報が阿頼耶識に送りこまれる「現行熏種子《げんぎょうくんしゅうじ》」の心的メカニズムについて一瞥しましたが、私たちの行動は、善もあれば悪もあるわけです。もし、種子を受け入れ保持する場の阿頼耶識が善性のものなら、悪の種子はおよそ受け入れ難いものでしょう。逆に、阿頼耶識が悪性ならば、善の種子は受け止め難い。しかし、善業であろうが悪業であろうが、その行動情報がすべて阿頼耶識中に入る――。阿頼耶識が無記であればこそ、一切種子識でもあるわけです。

ところで、阿頼耶識が無記の性質だというのは、その理由の他に、阿頼耶識がそもそも異熟性《いじゆくしよう》であるからだと考えられるからです。因果関係といえば、ふつうは、善因善果・悪因悪果という因果律が思い浮びます。これは、因と果とが同類である場合です。このような因果関係を「同類因、等流果《とうる》」といいます。社会やそれを構成する個々人の規範はまず、こうした因果律にもとづいて調成されるべきでしょう。

しかし、仏教ではさらに、「異熟因、異熟果」という因果関係もあると考えられています。異なって熟すという言葉通り、因は善であったり悪であったりいろいろですが、それが無記という因とは異なった果になる――。阿頼耶識は、すでに述べたように、過ぎし日々の行動情報という過去を背負っています。が、同時に、過去のそういう善や悪というものから解放されてもいる。それが阿頼耶識が無記であり、「異熟識」とも呼ばれるゆえんです（第二頌4）。

こうした阿頼耶識を基盤として生きているということは、過去に制約されながらも、その過去から大きく解き放たれたものでもあるということだと思います。それはつまり、私たちが善の方向へも悪の方向へも赴く存在だ、ということでもあるでしょう。たとえ長年にわたって、地道に善の行為を積み重ねてきたといっても、悪の世界が遠いわけではない。そうした善業の蓄積は大きな力ではありますが、安心なぞできない――。ひとまたぎすれば悪の世界があり、その反対に、悪のかぎりを尽くした人もまた、善の世界はひとまたぎの距離だということです。これは一見、善から悪へ、あるいは、悪から善へ、のようですが、ニュートラルの無記を基盤にしているからこそ、善も悪もひとまたぎの距離だということでしょう。

そしてまた、阿頼耶識の性質が単に無記なのではなく、「無《む》覆《ふく》無記」だとあります。この無覆とは、仏道を歩む上で障害になるようなものとかかわりがないという意味です。同じ無記でも、有《う》覆《ふく》無記（後述の第二能変の末那《まな》識がこれに当ります）は、仏道を障《さえぎ》り、心を不浄にするものと関係がある。そこで、有覆の性質は「染《ぜん》（染汚《ぜんま》）」、無覆は「浄《じょう》」だといわれます。したがって、無覆無記は善でも悪でもなく、しかも、汚《けが》れがない――。そうした無覆無記を、無色透明に近いイメージで理解しようとする唯識学者がおられました。大いに参考にしたいと思います。

なお、阿頼耶識という識体（心王）が無覆無記ですから、それに相応してはたらく

〈触〉〈作意〉〈受〉〈想〉〈思〉の五心所も、その性質が無覆無記だというのは当然でしょう（第四頌2）。

とぎれのない心の基盤

前項（本書61ページからの「阿頼耶識の対象」）の、種子の補足説明でも述べた通り、過去のすべての行動情報をアーカイブする阿頼耶識の、その過去の範囲はほとんど茫漠《ぼうばく》としています。つまり、永遠にさかのぼる過去であり、私たち個々人の生きる基盤を提供する阿頼耶識は、その永遠の過去からのとぎれなき連続体だというのです。

それは、生の執着をついに捨てることができず、否むしろ、いよいよたぎらせた結果、転生をつづけて、ここに至ったという考え方です。その転生の前に死があるわけですが、唯識仏教では、死をどう考えているのか——。ここにも実は、阿頼耶識がかかわっています。

すでにみてきたように、終始、肉体を認識対象にしているのは第八阿頼耶識だけです。前五識や第六意識の、身体感覚や身体についてのさまざまな思いもありますが、それらは阿頼耶識の認識の上に展開される表層のはたらきです。そのはたらきのくわしい特徴については第三能変の解説にゆずりますが、要点をいえば、トギレトギレなもので、四六時中、身体感覚があったり身体への思いがあるわけではありません。しかも、そうした感覚や意識は、必ずしも全体的なものでもありません。いついかなる時も、また、文字通り全体的に身体にかかわっているのは、唯一、阿頼耶識だけです。

そうであれば、常にわが身体を認識対象にしている阿頼耶識が、身体を認識対象からはずした時、私たちに死が訪れるのだと理解されます。もとより、身体をとりまく状況（器界）もその時、阿頼耶識の対象からはずされるでしょう。

ここで阿頼耶識の対象で残るのは、種子だけになります。阿頼耶識に所蔵される一切種子は不可知ですから、それらがどんな行動情報なのか知る由もありません。が、どのようなものであれ、その濃淡はともかく、生の執着にかかわるものであることは容易に想像されます。というか、生々しい日常を支えてきた行為の情報群を煮つめていけば、まさに「生の執着」そのものに凝縮されるでしょう。

生の執着そのものとなった阿頼耶識は、この時点で「結生《けっしょう》の識」として、適宜の赤白二《しゃくびゃくに》滴《てき》を認識対象として、ここに新しい生を営み始める――。これが、仏教が考える生命誕生の瞬間です。赤白二滴とは、卵子と精子です。つまり、卵子と精子だけではだめで、そこに生きたいという執着心が加わって、はじめて生命が誕生するのだという考え方です。こうした考えをたどれば、私たちを根底から支える阿頼耶識が、永遠の過去から転生しつづけ、こんにちただいまに至っていることがわかります。

こうした阿頼耶識を、世親菩薩は、「恒《つね》に転ずること暴流《ぼる》の如し」（第四頌3）と表現しました。まさに、永遠の上流から大きくうねりながら流れきて、ここにとどまることなく、なお永遠の下流へと流れ去ろうとする大河のようだというのです。

阿頼耶識は、このように永遠の過去から連綿とつづく相続体ですが、もとより、中身の種子は不変で実体的なものではありません。それ自体刹那滅《せつなめつ》のものなのですが、前滅後生して同じ性質が間断《けんだん》なく（とぎれることなく）相続されるのだと考えられています。これを「一類相続」というのですが、この心的メカニズムが、――種子生《しょう》種子（種子が種子を生ずる）、です。

つまり、刹那に変化しながらも一類に相続され、全体として私たちを大きく維持している――、それが阿頼耶識のスガタです。ところが、そういう阿頼耶識ですから、変わりながらも変わらない実体的な自己の中核と誤認され易いのです。果たして、後に述べる第二能変の末那識がその間違いを犯して、これこそ不変実体の「我（実我）」だと思量するのだと、唯識仏教は考察しています。

すでに述べたように、阿頼耶識の阿頼耶（アーラヤ）は「蔵」の意味ですが、その蔵は、つぎの三つの意味があると考えられています。

能蔵……持種《じしゅ》の義
所蔵……受熏《じゅくん》の義
執蔵……我愛縁執《があいえんしゅう》の義

つまり、阿頼耶識は種子をよく保持しており、その点で「能蔵」であり、阿頼耶識は現《げん》行《ぎょう》を熏習《くんじゅう》する場であるから「所蔵」です。さらに、阿頼耶識は第七末那識に実我と誤認され愛執されるので「執蔵」の意味があるというのです。

このなか、執蔵の阿頼耶識がとりわけ問題ですが、その我愛縁執を内容とする執蔵としての阿頼耶識の名を捨てる時について、『三十頌』は、「阿羅漢の位に捨す」（第四頌4）と述べています。

この阿羅漢の位について、①三乗の無学位②八地以上の菩薩、の二説が有力です。

①の三乗とは、声聞《しょうもん》・独覚《どっかく》・菩薩《ぼさつ》という三つの仏教修行形態のことです。おおまかな説明ですが、前二者は自利に重点をおいた修行で、そこにおいて、我執を捨てた段階が無学位です（無学とは、もはや学ぶことが無いという意味）。ただ、その無学位に留《とど》まることなく、さらに菩薩道に進む人が、①に該当します。菩薩とは自利利他平等といって、自利が利他に通じ、利他が自利の意味をもつ修行形態です。なお、この菩薩は、声聞や独覚の修行を経由するので「漸悟《ぜんご》の菩薩」といいます。

それに対して、②は「頓悟《とんご》の菩薩」で、初めから自利利他平等の菩薩道を歩む人です。菩薩の階位は、十住・十行・十回向・十地・仏果の四十一位ですが、そのなか、十地の八地以上の菩薩が、我執を手放すと考えられています。

いずれにしても、そうした修行階位に至って、第七末那識に実我と誤認され愛執されるところの阿頼耶識を捨てる――。それはもちろん、阿頼耶識そのもの（識体）を捨てる、あるいは、そこで阿頼耶識がなくなるというのではありません。識体そのものはその後も相続されます。そして、それがやがて質的転換をとげて、覚《さとり》の智慧を構成する大円鏡智になる、というのが唯識仏教が考える仏道の完成です。つまり、阿頼耶識を捨てるというのは、あくまでも阿頼耶識の執蔵という側面を捨てるのだという意味です。

以上が、初能変の第八阿頼耶識の概略です。いうまでもないことですが、私たち一人一人の阿頼耶識は個別のもので、そのそれぞれの阿頼耶識が転変して描き出す世界も、当然、違います。これを「人人唯識《にんにん》」といいます。もちろん、多くの人々に共通する共業《ぐうごう》から生じた共種子（共通する行動情報）もあります。が、基本的には一人一人の世界は違うのです。

唯識仏教は能変ということについて、いまの初能変の第八阿頼耶識につづいて、第二能変の第七末那識、第三能変の第六意識・前五識と、三層からなっていると考察しています。追って学んでいくわけですが、ごくおおまかにいえば、初能変は「他ならぬ自分の過去」、第二能変は「無意識の自己中心性」、第三能変は「能力などの個体的条件や関心の有無、問題意識の濃淡」によるものです。

それらを通して描き出される世界は、まさに一人一人違います。私たちはつい、同じだというところから発想しがちです。それが必ずしもいけないというわけではなく、そういう視点も大切です。が、違うのだということを起点にしてスタートしてみることは、いっそう重要です。「和して同ぜず」というよく知られた言葉がありますが、人人唯識ということを念頭に読み解くならば、実に味わい深いものがあるのではないでしょうか。

二　第二能変　第七末那識――意識下の自己中心性――

〔五〕

1 次第二能変

2 是識名末那

3 依彼転縁彼

4 思量為性相

次のは第二の能変なり。
是《こ》の識を末那《まな》と名づく。
彼に依《よ》って転じて彼を縁ず。
思量するを性《しょう》とも相《そう》とも為す。

〔六〕

1 四煩悩常倶

2 謂我癡我見

3 并我慢我愛

4 及余触等倶

四の煩悩と常に倶《とも》なり。
謂《い》わく我癡《がち》と我見《がけん》と
并《なら》びに我慢《がまん》と我愛《があい》となり。
及び余《よ》と触《そく》等と倶なり。

〔七〕

1 有覆無記摂

有覆《うふく》無記に摂《おさ》められる。

2　**随所生所繫**　　所生《しょしょう》に随《したが》って繫《け》せられる。

3　**阿羅漢滅定**　　阿羅漢と滅定《めつじょう》と

4　**出世道無有**　　出世道には有ること無し。

（現代語訳）

〔五〕（初能変の）次は第二能変です。これも意識下の領域で、この心王の名称は末那《まな》です。末那識は、阿頼耶識から転変したもので、その阿頼耶識を認識の対象としています。そして、阿頼耶識を不変で実体的な自分の中核と誤解して一途《いちず》に思い量《はか》ることが、末那識の本質であり、かつ具体的なはたらきです。

〔六〕末那識は、常に四つの《煩悩》、すなわち、

〈我癡《がち》（すべてのことがら、とりわけ自分の本来のスガタを知らない）〉

〈我見《がけん》（自分を実体視する）〉

〈我慢《がまん》（とにかく自負して他者《ひと》をあなどる）〉

〈我愛《があい》（実体視した自我に愛着する）〉

とともにあります。そして、それらに関連する幾つかの《随煩悩》と、〈触〉などの基本的な心所が付随します。

〔七〕末那識の性質も、阿頼耶識と同じく善でも悪でもない無記です。ただし、仏道を歩む上で障《さわ》りとなる濁りがあると考えられます。また、末那識は、大本《おおもと》の阿頼耶識が生まれた世界の状況に大きく束縛されます。こうした末那識のはたらきは、阿羅漢の境地に至ると完全になくなります。しかし、そのレベルでなくとも、深い瞑想《めいそう》に入ったり、すべてをひたすら変化の中で捉《とら》えようとする真実の洞察力がはたらいている時、一時的ながら末那識の活動は停止すると考えられます。

末那識の対象

『三十頌』の第五頌から第七頌までは、第二能変の末那識について述べられています。末那も阿頼耶と同じくサンスクリット語の音写で、「思量する」という意味のマナスが原語です。後述の第六意識（ふつう、私たちがイメージする「心」とほぼ見合います）も当然、思量するのですが、第七末那識のそれは「恒審思量《ごうしんしりょう》」、つまり、——恒《つね》に審《つまび》らかに思い量る。そういう特徴があるとされています。

「恒」ですから、間断《けんだん》がない（トギレがない）。しかも、この識体は深層心いわゆる無意識の領域ですから、そのはたらきは、いついかなる時も知らず知らずのうちに行なわれているわけです。

第五頌3「彼に依って転じて彼を縁ず」は、第七末那識の来歴とその認識対象を示す一句です。「彼」とは、本識の第八阿頼耶識のこと。つまり、末那識は、阿頼耶識をよりどころとして出てきた転識であり、そして、阿頼耶識を認識の対象にしている――。それが、「彼に依って転じて彼を縁ず」です。「縁ず」とは「認識する」ということです。唯識仏教では、能縁（認識するもの）や所縁（認識されるもの・認識の対象）など、「縁」を「認識」の意味でしばしば用います。

それはともかく、末那識の認識対象は、私たちを根底から大きく支える阿頼耶識なのですが、しかも、その対象の阿頼耶識を「恒に審らかに思量」している。そして、第五頌4では、阿頼耶識を恒審思量することが、末那識の「性《しょう》であり相《そう》なのだ」と指摘しています。性は本質、相は具体的なはたらきの意味ですから、阿頼耶識を恒審思量することが末那識のすべてだ、ということになります。つまり、ただひたすら阿頼耶識のことを思い量っている――。それが、末那識のスガタだというわけです。

では一体、末那識は阿頼耶識をどのように恒審思量しているのかということですが、阿頼耶識が永遠の過去からトギレることなく一類相続して、こんにちただいまに至っていることを思い出してください。『三十頌』の第四頌3「恒に転ずること暴流の如し」です。

もちろん、阿頼耶識が、永遠の上流から大きくうねりながら流れきて、ここにとどまることなく、なお永遠の下流に流れ去ろうとする大河のようなものだといっても、何も実体的なものではない。刹那《せつな》に変化しながらも前滅後生して、同じ性質がトギレることなく相続されている。つまり、阿頼耶識を構成している一つ一つの種子が、種子生種子のメカニズムによって一類に相続されている――。そして、それらの一切種子が全体（阿頼耶識）として、私たちを根底から維持する心的基盤になっているわけです。

しかし、そうした阿頼耶識のスガタを不変で実体的な、それこそ自己の中核たる「実我」と誤認する心の深部のはたらき――。それが、末那識の恒審思量の内容です。もとより、そのように誤認された阿頼耶識は、第七末那識にとって愛着の対象です。すでに、阿頼耶（蔵）は能蔵・所蔵・執蔵の三義があることを学びましたが、そのなか、我愛縁執の「執蔵」が、これに当ります。

私たちは一見、変化を好みます。新しい出来事には興味津々ですし、新製品が出れば、もうたまりません。まだ十分使えるのに、新しいものに買い替えていくように、社会の仕組みもそうなっています。しかし、絶えず変化の中にいるということは、一方では、つねに不安定でもあるということでしょう。私たちは変化を求めながら、どこかで固定化を望んでもいる――。というのが、本音ではないかと思います。もちろん、自分の好都合の範囲での固定化ですが。

私たちは今、日々新たな（と思われる）情報が引きも切らずに押し寄せる社会に暮らしています。そこでは、新しさとは一体何なのか、と改めて問いたいくらいです。少し前はたしか「十年一昔」でしたが、今では、一年イヤ半年前のことがもはや「旧聞に属す」です。半年前の他ならぬ自らの体験・経験が、何か遠い出来事のように思い出される。こうした変化のはげしい社会に生きる私たちは、その一方で、不変な何かを求めているのではないでしょうか。

意識の領域ではこのように、変化にあこがれる一方で不変を求め、そして、その不変に飽きて再び変化を模索する――。その繰り返しなのですが、しかし、いずれにせよ、そうした思いは、のべつ幕なしではありません。少なくとも、私たちが覚醒《かくせい》している間のことであり、深い眠りに落ちれば、それも停止します。が、末那識という無意識の深層領域では、ねてもさめても――、つねに不変な阿頼耶識だけが問題であり、その自己にかんする不変な実体を「恒審思量」しているというのです。

四つの煩悩

その「恒審思量」の具体的な内容が、

我癡（すべてのことがら、とりわけ自分の本来のスガタを知らない）
我見（自分を実体視する）
我慢（とにかく自負して他者《ひと》をあなどる）
我愛（実体視した自我に愛着する）

という四つの心所《しんじょ》（心のはたらき）です。第六頌1〜3に「四の煩悩と常に倶なり。／謂わく我癡と我見と／并びに我慢と我愛となり」とあるのがそれです。

唯識仏教では「六位五十一心所」といって、心のはたらきとして五十一をリストアップし、それらの内容を精査して六つのグループに分類しています。これについては第二章で取り上げる予定ですが、これら我癡・我見・我慢・我愛の四つは、わが身心《しんじん》を何かと熱悩させる「煩悩」グループに分類されるものです。

我癡・我見・我慢・我愛は、ふつうはそれぞれ、無明《むみょう》（愚癡、癡）とか不正見《ふしょうけん》（悪見）、また慢《まん》とか貪《とん》というのですが、ここでは皆ことさらに「我」の字が付いています。これは、私たちに身心の基盤を提供する阿頼耶識を「実我」と誤認して執着する末那識の特殊なはたらきを強調しているのでしょう。

このなか、「我癡」は、無明とか愚癡ともいわれるように、ものごとの道理に暗く、迷うことです。そうした愚かさという心のはたらきこそ、私たちを迷昧《めいまい》の世界に導く最たるものです。この心所自体は、前五識や第六意識にもあります。つまり、無明という心のはたらきも、どの心王に付随するかによって、その内容はさまざまで一定しません。その点、第七末那識のそれは、永遠の過去から連綿と作用するものです。いうまでもなく、それは心の深層領域での活動ですから、いわば「聞こえない通奏低音」として、私たちの第六意識に絶えず執拗《しつよう》にはたらきかけていると考えられています。そして、我見・我慢・我愛を生じさせる根本原因――。これが、末那識に相応する無明つまり我癡のあらましです。

つぎに「我見」ですが、これはふつう、不正見とか悪見といい、身見《しんけん》・辺見・邪見・見《けん》取見《しゅけん》・戒禁取見《かいごんしゅけん》の五種に細分されます。「我見」は、このなかの身見に相当します。これは、元来、さまざまな要素が仮和合することによって成立している「私というもの」を、不変で実体的なものだと誤認することです。無常で無我である「私というもの」を常であり実我であると見る――、それが「我見」です。つまり、種子生種子という変化を経ながらも一類に相続する阿頼耶識を、これこそ不変な自己の中核（実我）だと誤認するのが「我見（身見）」です。私たちは日常、実にさまざまな間違った見方をしているのですが、その元凶といえるのが「我見」です。

不正見は、全体としては、第六意識と第七末那識においてみられる心のはたらきですが、ややくわしくいえば、身見のうち、先天的に身にそなわり、かつ常に活動して間断のないものが、第七末那識に相応する「我見」です。そして、身見でもトギレのあるものや、辺見・邪見・見取見・戒禁取見は末那識に付随せず、すべて第六意識の心作用であると考えられています。ちなみに、辺見・邪見・見取見・戒禁取見は、因果の道理を尊重せず、極端で誤った仏教以外の見解です。これらは、辺見を除いて、先天的にそなわったものではなく、後から社会的に学習された見方です。

「我慢」とは、自己を恃《たの》んで他の人をあなどる心のはたらきです。私たちは常日頃、比較の世界にいて、何かにつけて自他の比較に明け暮れています。そして、その優劣のいかんによって、さまざまな心のはたらきが表面化します。たとえば、怒りも妬《ねた》みもある種の喜びも皆、そこから出てくる――。江戸時代の川柳に、

　隣の家に蔵が建ちゃワシャ腹がたつ

　あなうれし隣の蔵が売られゆく

というのがあります。前句は慢心が傷ついて、とにかく腹がたつ。が、さりとて、隣家にどなり込むわけにもいかず、怒りは妬みとなって、ねちねち――。後句は、「人の不幸は鴨の味」のことわざを想起させます。鬱屈《うっくつ》した気持ちがパッとはれて、溜飲《りゅういん》を下げていま す。そのうれしさが「あな（たとえようもなく）」とはすごい表現です。私たちの、黒い心

の躍動です。

もちろん、こうしたいわば負の心が良いわけがなく、大いに反省されなければならない。しかし、それはどこまでも第六意識のレベルのことであって、意識下の末那識にうごめく我慢はチェックできない――。これもまた、聞こえない通奏低音として、私たちに絶えず執拗にはたらきかけているというのが、唯識仏教の人間観です。

最後の「我愛」はまた「我貪」ともいい、貪愛や貪着《とんじゃく》のことです。仏教の特徴の一つに精緻《せいち》な煩悩考察がありますが、そうしたものを大きく集約すれば、貪欲《とんよく》（むさぼり）・瞋恚《しんに》（いかり）・愚癡《ぐち》（おろかさ）という三煩悩になる。いわゆる「貪瞋癡《とんじんち》の三毒煩悩」です。いうまでもなく、愚癡（無明）が大本《おおもと》で、それにもとづいて貪欲と瞋恚とがはたらくという構図です。

その基準は、どこまでも自分の勝手な都合でしょう。好都合なものは人でも物でも、手元に引き寄せて、いつまでも愛《いつく》しみたいですし、不都合なものは、視野の外に押し出したい――。要するに、前者が「貪欲」、後者が「瞋恚」です。そして、この構図を仕切っているのが愚癡（無明）というわけです。こうした貪の心所は、前五識・第六意識・第七末那識に幅広くみられますが、末那識に相応する貪つまり我愛は、末那識が阿頼耶識を見誤って実我だと執着する上にはたらくものです。執着する対象に、いよいよ愛着の念をきわだたせていく心のはたらきが「我愛」です。

これら我癡・我見・我慢・我愛という四つの煩悩が、第七末那識が第八阿頼耶識を恒審《ごうしん》思量《しりょう》している具体的な内容です。すべては意識下での、永遠の過去から連綿と継続される活動です。したがって、それは、まったく「聞こえない通奏低音」というか「無声のささやき」という他ありません。これらのはたらきは第六意識にも共通していますので、意識レベルでのそれらの過剰な活動を反省したり、抑制することはできます。が、その裏側で、第七末那識に付随する我癡・我見・我慢・我愛が同時進行していて、阿頼耶識こそ実我（不変で実体的な自己の中核）と見誤り、しかも、それに愛着してやまない——。まさに、我執の根深さです。

こうした意識下に展開する自己中心性は予《かね》て指摘されていましたが、それを「第七末那識」として明確化したのが、世親の『唯識三十頌』だといわれています。

ところで、第六頌4は「及び余と触等と倶《とも》なり」と述べています。このなか、触等とは、すでに一瞥《いちべつ》した遍行グループの五心所「触《そく》・作意《さい》・受・想・思」です。これらの心作用はもっとも基本的なものですから、当然、第七末那識にも相応してはたらくわけです。

問題は「余」が何を指しているかです。我癡・我見・我慢・我愛という、いずれも根本煩悩に分類される心所を承《う》けての「余」ですから、当然、そこから派生する何らかの心所

（これを、随煩悩《ずい》といいます）であることが考えられます。ただ、それがどういった随煩悩なのかについては、さまざまな説があります。そのなか、六世紀中頃のインドに出た護法《ごほう》（ダルマパーラ）という学僧は、

不信（真理に身心を委《ゆだ》ねない）
懈怠《けだい》（なまける）
放逸（欲望のままにふるまう）
失念（正法を忘れる）
散乱（集中を欠く）
不正知《ふしょうち》（誤った理解）
掉挙《じょうこ》（異様に浮き立った心理）
惛沈《こんじん》（異様に沈んだ心理）

という八つの心所と、別境《べっきょう》グループの

慧《え》（択《えら》び分ける）

の都合、九心所をあげています。これが「余」の内容です。

このなか、不信や懈怠などの随煩悩の八心所は、すべての染汚《ぜんま》心が起こるとき、かならず生起すると考えられています。染汚心とは、けがれた心という意味です。つまり、第七

末那識の影響をうける第六意識にも、そして、その第六意識に導かれる前五識にも付随してはたらくものです。ただし、それらは間断があり、意識的な調整も可能です。それに対して、末那識に付随するこれらの随煩悩は、トギレることなく、また、そういった調整が一切利かない――。つまり、これまた、聞こえない通奏低音・無声のささやきとして作用するわけです。

なお、別境の「慧」は、認識の対象を択び分け、そして、決断していく心のはたらきです。「別境」とは特別の対象という意味で、遍行の心所のように、すべての場合にはたらくものではなく、特別の対象にだけ作用します。その「慧」が善の方向で作用するかぎり問題はありませんが、悪の方向で作用すれば、対象を誤った相において択び取って判断するわけです。まさに、第七末那識が第八阿頼耶識を対象として実我と誤認する場合が、それに当ります。こうした「慧」は、煩悩グループの「不正見」、第七末那識でいえば「我見」の本体とみなされ、ここには、その意味で取り上げられています。以上の十八心所が、第七末那識に付随する心のはたらきです。

末那識の性質

第七頌1「有《う》覆《ふく》無記に摂《おさ》められる」は、末那識の性質について述べた一句です。まず、無記とありますから、末那識は、善でも悪でもないニュートラルな性質です。この点では第八阿頼耶識と同じですが、ただし、阿頼耶識のように「無覆」無記ではなく、「有覆」無記だというのです。

有覆は、――聖道《しょうどう》を障礙《しょうげ》し、自心を隠蔽《おんぺい》する、と注釈されます（成唯識論）。すでにみてきたように、第七末那識には我癡・我見・我慢・我愛という四つの煩悩が付随しますから、末那識そのものは無記でも、その煩悩のはたらきが仏道を歩む上の障害になります。そして、その我癡などの染汚《ぜんま》のはたらきによって、本来染汚ではない末那識のスガタ（自心）も隠し蔽《おお》われる――。それが、「聖道を障礙し、自心を隠蔽する」意味です。

しかし、「聖道を障礙し、自心を隠蔽する」のだから、末那識が悪の権化そのものだと考えるのは間違いです。ここで、仏教における善と悪の定義を分かり易くいえば、

善……自他を仏の世界に押し上げる行為

悪……自他を仏の世界から遠ざける行為

ということになります。正確には、これに「今世と来世の二世にわたって」という時間軸がつくのですが、それはともかく、自己と他者の両方を仏の世界に押し上げる順益の行為が「善業」です。一方、自他が仏の世界へ近づくのを妨げたり、仏の世界から自他を遠ざける行為が「悪業」です。

このように、仏教の善悪は、どこまでも仏の世界が基準です。そういう宗教的な意味において、自分の行動はどうなのか――、と問うのが仏教で、それに善・悪・無記の三性（三つのカテゴリー）があるわけです。つまり、この点で、末那識自体はどこまでも善でも悪でもない無記の性質で、とても悪の権化などとはいえません。また、それに相応する我癡・我見・我慢・我愛もたしかに煩悩の心所なのですが、心の深層領域でひそかにうごめく微細な作用であって、直接、自他を損ねていくほどの強いはたらきはないからです。

しかし、そうした末那識が問題なのは、しばしば述べたように、いわば聞こえない通奏低音・無声のささやきで、自己中心性を是とし・自己愛を是とするシグナルを執拗《しつよう》に第六意識に送っていることでしょう。そして、次節に取り上げる第六意識もまた、その第七末那識をよりどころとして成り立ってもいる――。なかなか微妙ですが、私たちがそういう濁りのある末那識という深層心をかかえて生きているのだという指摘は、とかく意識レベルの議論に終始して上滑りがちな人間考察を再吟味する上で重要です。

それはともかく、こうした末那識について、興福寺の良遍僧都《りょうへんそうず》（一一九四～一二五二）は『法相二巻抄』の中で、

凡夫ノ心ノ底ニ常ニ濁テ、先ノ六ノ心ハイカニ清クヲコレル時モ、我ガ身我ガ物ト云フ差別《しゃべつ》ノ執《しゅう》ヲ失セズシテ、心ノ奥ハイツトナクケガルヽガ如キナルハ、此《この》末那識ノ有

ルニ依《よつ》テ也。

と述べています。この書物は古来、唯識入門書の第一にあげられる名著で、第七末那識についても、さすがに要領を得た説明をしています。「先ノ六ノ心」とは、次節にみる第三能変の前五識と第六意識のことです。つまり、意識や五感覚のレベルがどんなに清らかでも、心の奥底は濁っていて、何かどろんと薄汚れている――。こうした末那識の説明は見事という他ありません。しかし、それにしても、「先ノ六ノ心ハイカニ清クヲコレル時モ、……心ノ奥ハイツトナクケガルヽガ如キナル」とは、おそらく良遍自身が強く感じた、いわくいいがたい濁りの感覚なのでしょう。

そうした濁りは「聞こえない通奏低音・無声のささやき」ですから、ふつうはわからないのですが、「すべては心の展開なんだ」という真実に深く寄り添っていくうちに、自《おの》ずから自覚されてくるのだと思います。

末那識を束縛するもの

ところで、前生の末に、肉体を捨てた（認識の対象からはずした）第八阿頼耶識が「結生の識」として、新たに適宜の赤白二滴を認めて合体――。ここに、今生がはじまるわけですが、第七末那識は、その生まれた世界にだけ束縛・制約されると考えられています。そのことを述べたのが、第七頌2の「所生に随って繫《け》せられる」です。

仏教によれば、私たちが生まれる世界は、欲界・色《しき》界・無色界の三界《さんがい》のいずれかです。欲界は欲望がうずまき、争いが絶えず、物に惑わされる世界であり、色界はそうした欲望を離脱して、清らかな物に恵まれた環境。また、無色界は、もはやそうした物さえも超越して、一段と昇華された清浄な心だけの世界です。

つまり、第八阿頼耶識がもし欲界に生まれたならば、第七末那識も欲界に繫《つな》がれて、その特徴に制約され、第八識が色界に生まれたら、第七識も色界に繫属するのだということです。

私たちはいうまでもなく、欲界の人間として生を受けた者です。欲界には、地獄・餓鬼・畜生・人《にん》・天という五つの生存形態（これを、五道とか五趣といいます。なお、畜生と人との間に「修羅」を加えて六道とも）があると考えられています。仏教を学ぶ環境を、劣悪なものから順次示したものともいえます。このなか、人については、たとえば『大般涅《だいはつね》槃経《はんぎょう》』（巻二十三）には、

人身《にんじん》の得難きこと、優曇《うどん》花《げ》のごとし。我、今已《すで》に得《う》。

と説かれ、また、仏法僧の三宝への帰依を表明する「三帰依文《もん》」の冒頭に、

人身受け難し、今已《すで》に受く。仏法聞き難し、今已に聞く……。

と唱えられるように、人は欲界の一形態とはいえ、仏教を学修する状況としては、むしろ千載一遇の機会と理解されています。そこをとらえて、仏の教えにわが人生を果敢に問うていきたいものですが、こうした学修の主体は、いうまでもなく第六意識です。さまざまな煩悩《ぼんのう》を抑制したり、身心を調整したりしながら、自己の精神世界をより高次なものにしていくことができるのは、まさに自覚的な心である第六意識です。少なくとも、――そうありたいと希望し、それに向って模索することはできます。

つまり、私たちがこうして欲界に生まれても、ただただ欲望のおもむくままに在るわけではありません。たとえ欲望が満足されても、それはあくまで一時的なもので、いずれは、その肥大化は免れない。そして、肥大化した欲望はついに満たされず、大いなる苦を味わわざるを得ない。まさに、欲望と苦とは本質的にリンクしている――。そこを、何とか突破したいという思いだけでも、すでに欲界の束縛を何ほどか離脱しているでしょう。このように、第六意識のはたらきは、たとえ欲界に生まれても、欲界にがんじがらめなのではなく、色界や無色界まで視野に入れることもできるわけです。

また、眼《げん》識・耳《に》識・鼻識・舌識・身《しん》識の前五識にしても、そうした第六意識に導かれて、天眼や天耳にもなり得る――。このように、第六意識や前五識は「所生に随って繫せられない」――。つまり、その生存形態に制約されないのですが、この点、第七末那識はそうではない、というのが、第七頌2「所生に随って繋《け》せられる」の意味です。

つまり、欲界に生まれたならば、第七末那識（および、それに付随する心所）は、第六意識や前五識と違って、ひたすら欲界の特徴に束縛されてはたらく――。この違いは、第六意識と第七末那識の対象範囲の広狭に由来しているでしょう。後述しますが、第六識は「広縁の意識」といわれるように、認識の対象が広い（縁は、認識の意味です）。時間軸でいえば、過去の出来事を吟味しつつ未来をも予測しますし、三界でいえば、ただ欲界にとどまるばかりでなく、色界や無色界への上昇志向もある――。ところが、第七識は、すでにみたように、ただひたすら阿頼耶識だけを恒審思量しています。ですから、第八阿頼耶識が欲界に生まれたら、第七識はただもう欲界だけ、色界に生まれたら、色界だけが問題なのです。

それはともかく、意識下のそうしたはたらきは微細ですが、何度もいうように、それが「聞こえない通奏低音・無声のささやき」として第六意識に絶えず注がれている――。前項の「有覆無記」とともに、こうした末那識の描写は、まさに深い人間観という他ありません。

ところで、こうした第七末那識が仏道のどの段階で無くなるのか――。そのことを述べ

たのが、第七頌3・4「阿羅漢と滅定《めつじょう》と／出世道には有ること無し」です。つまり、末那識の染汚《ぜんま》のはたらきが無くなるのは、

阿羅漢

滅定（くわしくは滅尽定）

出世道

という三つのケースだと考えられています。

ただし、この「有ること無し」つまり無くなることに、二種あります。一つは「永断《ようだん》」、もう一つは「伏滅」です。

初能変の第八阿頼耶識のところで一瞥《いちべつ》したことですが、阿頼耶識縁起の大筋は、

種子生《しゅうじしょうげんぎょう》現行（種子は現行を生ず）

です。つまり、阿頼耶識縁起では、ものごと・ことがらの成り立ちを、種子と現行の二つで考えるわけです。いうまでもなく、この場合、種子は原因で、現行は結果です。これを「種現因果《しゅげん》」というのですが、それはともかく、その原因たる種子の断滅が「永断」です。原因の本《もと》を断つから、もはや現行もない――。それに対して、種子はともかく、その現行を一時的に封じこめる――。それが「伏滅」です。

第七頌3・4に示される阿羅漢は「永断」、滅尽定と出世道は「伏滅」です。阿羅漢が

三乗の無学位であることは、初能変の第八阿頼耶識のところで述べた通りです。この阿羅漢のレベルに至ると、第七末那識の染汚の種子が永久に断たれます。汚れた種子が無くなれば、当然、現行もありません。

一方、伏滅の出世道は、染汚のはたらきを抑制する汚れなき智慧《ちえ》（これを、無漏《むろ》智といいます）が発動した段階を指します。これは、いわゆる我執を否定した無我の境地で、そこでは、阿頼耶識を実我と誤認する末那識のはたらきはともかくも遮断されます。また、そうした出世道で、無心のきわまった状況が滅尽定です。仏道のこうしたレベルに至れば、第七末那識の濁ったはたらきが伏滅されると考えられています。

以上が、第二能変の第七末那識という意識下にうごめく自己中心性、あるいは、自己執着心のアウトラインです。次節に述べる第三能変の第六意識にも、むろん自己執着・自己中心性がありますが、私たちはふつう、それを薄めたり抑えたりしながら暮らしています。そうしたこともまた第六意識のはたらきですが、そういう第六意識自体、そもそもこの第七末那識をよりどころにしている――。というのが唯識の見解です。

唯識仏教は、すべてを心の展開だと考える、あるいは、すべてを心の要素に還元して考える立場ですが、その点、私たちの社会生活で前面に立っているのは、心の表面の第六意識です。その表面心では誰もが、自己中心性を何ほどか薄め、そして、他との協調を保とうと努めています。そうでありつつ、しかし、そうした第六識がその一方で、意識下の自己中心性という微細な通奏低音・無声のささやきにジッと耳を傾けている——。そういう構図の中で、私たちは日常生活を営んでいるというのです。

三　第三能変　第六意識と前五識――心の表面領域――

〔八〕

1 次第三能変
2 差別有六種
3 了境為性相
4 善不善倶非

次の第三の能変は、
差別《しゃべつ》なること六種あり。
境《きょう》を了するを性《しょう》とも相《そう》とも為す。
善と不善と倶非《くひ》となり。

〔九〕

1 此心所遍行
2 別境善煩悩
3 随煩悩不定
4 皆三受相応

此の心所《しんじょ》は遍行《へんぎょう》と
別境と善と煩悩と
随煩悩と不定《ふじょう》となり。
皆、三の受《じゅ》と相応す。

（現代語訳）

〔八〕（第三能変の）次の第三能変は、心の表面領域です。そのはたらきの違いによって、六種あります。それらは、眼識《げん》・耳識《に》・鼻識《び》・舌識《ぜっ》・身識《しん》と意識です。眼識などの五つはいわば五感覚、そして、意識は、私たちがふつう心と呼んでいるものに相当します。

これら六識は、それぞれの境《きょう》（対象）を了別することが本質であり、かつ具体的なはたらきです。これら六識心王は場合によって、善にも不善にも、あるいは、そのどちらでもない無記にもなります。

〔九〕それは、六識に相応する心所が、次に示すように広範囲にわたるからです。

ごく基本的なもの《遍行《へんぎょう》》
特別な対象にだけはたらくもの《別境》
仏の世界に順ずるもの《善》
仏の世界に違反するもの《煩悩》
煩悩に付随してはたらくもの《随煩悩》
その他《不定《ふじょう》》

なお、このなか、《遍行》の〈受《じゅ》〉のはたらきは、〈苦受〉〈楽受〉〈捨受〉の三つにわたります。つまり、対象を苦とか楽と感受したり、あるいはまた、そのどちらでもないと受けとめたり、場合によってさまざまです。このことは、六識すべてに当てはまります。

＊『三十頌』はこのあと、第一〇頌〜第一四頌の五頌を費やして、《遍行》《別境》《善》《煩悩》《随煩悩》《不定》の六つのグループの心作用を列挙しています。それらは別途、第二章「心のはたらき」にゆずり、ひきつづき六識のことを述べる第一五・一六頌を取り上げます。

〔一五〕

1　依止根本識　　根本識に依止《えじ》す。
2　五識随縁現　　五識は縁に随《したが》って現じ、
3　或倶或不倶　　或るときには倶《く》なり、或るときには倶ならず。
4　如涛波依水　　涛波《とうは》の水に依《よ》るが如し。

〔一六〕

1　意識常現起　　意識は常に現起す。

2 除生無想天
3 及無心二定
4 睡眠与悶絶

無想天に生じたときと
及び無心の二定《にじょう》と、
睡眠と悶絶とを除く。

（現代語訳）

〔一五〕ところで、眼・耳・鼻・舌・身・意の六識心王は、根本識（阿頼耶識）をよりどころとしています。このなか、眼・耳・鼻・舌・身の五識は、縁にしたがって現われ、場合によって倶《とも》にはたらいたり、そうでなかったりします。それは、いずれの波（五識）も水（根本識）によっている、と喩《たと》えられるでしょう。

〔一六〕一方、意識は、ほぼ常にはたらいています。ただし、私たちが無想天と呼ばれる色界《しき》のかなり上層に生まれたときや、または、二種の深い瞑想《めいそう》に入った場合は、はたらきません。むろん、熟睡や気を失った場合も、意識ははたらきません。

六識のはたらきと対象

『三十頌』の第八頌から第一六頌までは、第三能変の前五識と第六意識について述べられています。ただし、第一〇頌から第一四頌までには、私たちの具体的な心のはたらき（心所）が列挙されています。それは、すべての心所（五十一心所）が第六意識に付随してはたらくからですが、これについては第二章「心のはたらき」にゆずり、ここでは取り上げません。

第三能変は心の表面領域のはたらきで、眼識・耳識・鼻識・舌識・身識と意識の六つです。これら六識は総じて「了別境識」（第二頌2）といわれます。いずれもみな、それぞれの境（対象）を了別、つまり認識するからですが、このなか、眼識は視覚、耳識は聴覚、鼻識は嗅覚《きゅうかく》、舌識は味覚、身識は触覚に相当します。これらはいわゆる五感覚で、ふつう、「前五《ぜんご》識《しき》」と一まとめにして扱うことになっています。その次つまり六番目に意識を取り上げるので「第六意識」、そして、「第七末那識」「第八阿頼耶識」という順序です。

こうした順序次第は、心の表面から順次取り上げたものですが、能変という点では、すでにみてきたように、

初　能　変……第八阿頼耶識
第二能変……第七末那識
第三能変……前五識・第六意識

と、取り上げる順序が逆になっています。私たちの認識作用は、心の深い部位から順次そ

の影響を受けているという考え方です。つまり、私たち一人ひとりが「こうだ」と認知している現実の世界は、まさにわが心が造り出したものですが、その造り出す心（能変の識体）は、簡略化していえば、

①意識下に蓄積された自己の行動情報、経験や体験、他ならぬ自己の過去性
②意識下にうごめく自己中心性、一途《いちず》な自己執着
③感覚能力、好悪の感情、体面などの日常性、問題意識の有無や濃淡

という三層になっている——。言い換えれば、これら三つのフィルターを通して、私たちは世界を理解している、というか、造り出しているわけです。

すでに一瞥《いちべつ》したことですが、阿頼耶識の認識対象は、種子《しゅうじ》（過去の行動情報）と有根身《うこんじん》（肉体）と器界《きかい》（環境）でした。器界とは、いのちあるものたちが生存するまさに器の謂《い》いです。もとより、そこにはいわゆる自然も含まれています。たとえば、私たちが奥深い森に入ったとします。木々の緑は目にやさしく、鳥のさえずりに耳を傾け、そよ吹く風にしばし身をまかす——。そんな至福のひと時、前面ではたらくのは、ともかくも眼識や耳識であり、また、鼻識や身識でしょう。しかし、その前にすでに、第八阿頼耶識がそうした自然をふくむ器界そのものを認識の対象にしている——。つまり、そういう深層心の認知の上に、五感覚（前五識）という具体的な認知作用も成り立っているというのが、唯識の

理解です。

そして、その前五識と同時にはたらくのが第六意識です。私たちのいわゆる心が動く前に、他ならぬ私たちの深い心がすでに動いている。それが、初能変・第二能変・第三能変の意味です。

さて、その第三能変の了別境識ですが、『三十頌』の第八頌2には「差別なること六種あり」とあります。第三能変は、そのよりどころになる感覚器官（根《こん》）や対象（境）の違いによって六種ある、ということです。六識のそれぞれの根や境を表示すれば、上の図のようになります。

【識】	【根】	【境】
眼《げん》識（視覚）――	眼根――	色《しき》境
耳《に》識（聴覚）――	耳根――	声《しょう》境
鼻《び》識（嗅覚）――	鼻根――	香《こう》境
舌《ぜつ》識（味覚）――	舌根――	味《み》境
身《しん》識（触覚）――	身根――	触《そく》境
意《い》識（心）――	意根――	法《ほう》境

これはつまり、眼識は眼根（視覚器官の目、視神経）によって色や形の世界をとらえ、耳識は耳根（聴覚器官の耳、聴神経）によって音の世界をとらえる。このように根・境・識がたがいに接触することによって、色や形の世界や音の世界がとらえられるのですが、そのさい、感覚器官の条件が問題になります。たとえば、人間に生まれたならば、紫外線や赤外線をとらえることができない

し、また、一定の音域の音しか聴くことができません。そして、これに個人的条件（能力）が加わり、さらに齢《よわい》を重ねると、誰でも目も耳もうとくなります。ふつう感官といえば、外の刺激をそのまま受け止めるものという理解ですが、このようにみてくると、むしろ、外の世界を造り出しているといえるわけです。なお、こうした器官を「根《こん》」と呼ぶのは、植物の根《ね》が、土中の水分や養分を吸い上げる力をもっていることにちなんだものです。

ところで、眼識など前五識が、それぞれの根をよりどころにして、それぞれの境（対象）を了別することは容易に理解できます。が、第六意識が「意根」をよりどころにして「法」を了別するというのは、ちょっとわかりません。つまり、第六意識といういわゆる心には、眼識の眼根、耳識の耳根というような、それに対応する実際の器官がないからです。たしかに、そのような器官はありませんが、だからといって、何のよりどころもなしに心がはたらくということも考えられません。そこで、そのよりどころが何かはともかく、その心的器官を眼根や耳根に合わせて「意根」と呼ぶわけです。

その意根が何を指しているか――。一つは「前滅の意」という説です。これは前滅後生《ごしょう》といわれるように、前刹那《せつな》に滅した心にもとづいて次の刹那に後続の心が生じるのですが、その前滅の心の動きが後続の心のよりどころだという考え方です。

もっとも、こうした前刹那の心的要素にもとづいて後続の心が動くというのは、何も第六意識に限ったことではなく、八識つまり心全般に考えられることでしょう。その意味で、第六意識固有の意根として第七末那識をあげる、というのが唯識の説です。

すでにしばしば述べたように、意識下の第七末那識がいわば「聞こえない通奏低音・無声のささやき」として、その自己中心性を執拗《しつよう》に第六意識にはたらきかけています。そうした有覆無記の末那識をよりどころにせざるを得ない第六意識、という構図でしょうか。第六意識がいわゆる心であることを思えば、唯識の人間観のきびしさは一入《ひとしお》です。良遍僧都の例の一文を再掲しておきたいと思います。

——凡夫ノ心ノ底ニ常ニ濁《にごり》テ、先ノ六ノ心ハイカニ清クヲコレル時モ、我ガ身我ガ物ト云フ差別《しゃべつ》ノ執《しゅう》ヲ失セズシテ、心ノ奥ハイツトナクケガルヽガ如キナルハ、此《この》末那識ノ有ルニ依《よっ》テ也。

なお、第六意識の対象の「法」ですが、くわしくは「一切法（あらゆるもの）」です。あらゆるもの・あらゆることがらを認識の対象にすることができるのが、第六意識の大きな特徴です。「広縁の意識」と呼ばれるゆえんです（この場合の「縁」も、認識の意）。この広縁のはたらきは、私たちが日常生活を営んでいく上できわめて重要ですので、「広縁の意識」の項（本書123ページ）で別途、取り上げたいと思います。

ところで、第三能変は前五識と第六意識ですが、そのコンビネーションによって、

①五倶の意識
②不倶の意識

の二つに大きく分類されます。①五倶の意識とは、前五識のいずれかと倶に生起する意識のことです。この意識は、前五識の眼識とか耳識と同時にはたらいて、その同一の対象をよりはっきりと認識します。

そのとき、意識が対象を、現在という一瞬に、しかも、そのまま認知する（これを、現量といいます）というより、ある時間経過の中で、かつ、何ほどかの推測や憶測などを交えて判断するのが実際でしょう。こうした認知を、現量に対して「比量」といいます。この比量には、いうまでもなく、ことばが用いられます。なお、間違った認知も当然あるわけで、それを「非量」（比量との混同をさけるために、「ひいりょう」と読みます）といいます。

その点、五感覚の前五識はことばを介さないそのままの認知で、現量のはたらきだけです。それに対して、第六意識は、現量・比量・非量の三つにまたがって認識します。第八頌3「境を了するを性とも相とも為す」の一句は、対象を認識することが、前五識と第六意識の本質であり、また、具体的なはたらきである、ということを示していますが、両者ではこの点が相違しています。

次の②不倶の意識は、前五識と倶《とも》に起こらず、意識のはたらきだけが単独に生起します。

この不倶意識は、五後の意識と独頭《どくず》の意識に細分されます。五後は、前五識の認知後にはたらく意識、独頭は、ただ意識だけがはたらく場合です。この独頭の意識はさらに、定《じよう》中《ちゆう》の意識（深い瞑想《めいそう》中にはたらく意識）・夢中の意識（夢の中ではたらく意識）・独散の意識（どんどん拡散していく意識）の三つに細分されています。

この中、不可解なのが夢中の意識でしょう。ふつう、夢は無意識の領分ですが、唯識仏教では、夢をみるうちは意識がはたらいているのだと考えます。これは眠りの深さと関係しており、『三十頌』の第一六頌にそのことが述べられています。

この夢中の意識ですが、近世初頭、興福寺の子院・多聞院の住持だった長実房英俊《ちようじつぼうえいしゆん》（一五一八～一五九六）は、みた夢のことをおびただしく日記に書き留めています（『多聞院日記』）。ただ、名高い明恵《みようえ》上人の夢と比較して、長実房の夢の記事は夢それ自体を深く分析したものではなく、ほぼ吉凶判断に終始しているとして、低い評価しか与えられていません。

しかし、唯識仏教の学僧だった長実房が「夢中の意識」を知らないはずはなく、その点で、自分のみた夢にただならぬ関心をもっていたのだと思います。つまり、夢中の意識とは、夢をみるような浅い眠りではまだ意識がはたらいているということですから、要するに、その意識のはたらきは「現行」です。そして、「現行」ならば当然、「現行熏種子」の心的メカニズムで善や悪の「種子（行動情報）」をわが心の深み（第八阿頼耶識）に送りこむことになります。この唯識の立場に立てば、長実房ならずとも夢の中の自分のふるまいに関心を持たざるを得ません。

たとえば、『多聞院日記』の天正十八年（一五九〇）正月二日条に、次のような夢の記事があります。

――今日昼寝の夢に、御旅所《おたびしょ》に於て金子《きんす》これを給ふ、袂《たもと》へ入れると見る、禍《わざわい》の重きを顧みず、欲深き故にこれを悦ぶ、扨《さて》も夢中さへ此の如き、あさましあさまし、

この夢は、べつに金品をくすねたわけでもなく、したがって、とりたてて悪業というほどのことでもないようですが、長実房の気がかりは、「欲深き故にこれを悦ぶ」というところにあるのでしょう。長実房自身、あるいは夢の中の自分が金子を得てニヤリとほくそ笑んだ、その執着の表出に内心ゾッとしたのかも知れません。

しかし、それはともかく、夢の中の「欲深き故にこれを悦ぶ」という心の動きも、一つの行為、現行であるからには、その種子を第八阿頼耶識に熏習《くんじゅう》するわけです。長実房が、夢の中とはいえ、その動向を気にして心穏やかでなかったのもわかります。いかにも唯識仏教の僧徒らしい感慨が伝わってきますが、なお、「夢中さへ此の如き、あさまし」い自分だというのは、夢の中の所行を通して現実の自己に言及しているわけで、いわゆる夢の

記述としても留意しておきたいと思います。

六識の性質

すでにみてきたように、六識のうち前五識は色・声・香・味・触、第六意識は法（一切法。あらゆるもの・あらゆることがら）という境（対象）を認識するのが仕事ですが、そういうはたらきの性質について、『三十頌』の第八頌4には「善と不善と倶非となり」と述べています。

つまり、六識は総じていえば、善にも不善にもなり、また、そのどちらでもない無記にもなる、ということです。心の表面領域のこれら六識は要するに、私たちの日常の世界そのものですから、善・不善（悪）・無記とさまざまに展開することは、すでに予想されるところです。

世の行動規範に「真善美《しんぜんび》」というのがあります。私たちは常日頃、この真・善・美をそうはっきりと意識しているわけではありませんが、それでも、自分の行為が真実に悖《もと》るものでないか・いけないことに泥《なず》んでいないか・醜くはないか、と、なんとなく調整しながら暮らしているのではないかと思います。たしかに実感としても、本当のことをそのまま述べたほうが気持ちがいいし、そして、できることなら、やはり、カッコよくやりたい――。

私たちは気持ちのどこかに、この真善美という行動規範に基準をおいているように思うのですが、そうでありながら、真善美の反対概念の偽《ぎ》・悪《あく》・醜《しゅう》に踏み外すことだって珍しくない。というか、偽悪醜に泥みがちです。こうしたことを善・不善に集約して示せば、日常の世界はまさに「善と不善と倶非となり」です。六識が生活場面の一コマ一コマにおいて、どの心所（心のはたらき）と一緒になってはたらくか――、それによって、その性質が大きく異なります。

六識に相応してはたらく心所については、『三十頌』の第九頌1・2・3に「此の心所は遍行と／別境と善と煩悩と／随煩悩と不定となり」と述べられています。これら《遍行》《別境》《善》《煩悩》《随煩悩》《不定》は、唯識仏教がリストアップする心所（全部で51あります）をその性質により六つのグループに分類したもので、これを六位五十一心所といいます。心所のくわしい説明は第二章にゆずりますが、《遍行》はきわめて基本的な心作用（5つあります。以下同）、《別境》は特別の対象に対してはたらくもの（5）。この《遍行》と《別境》の心所は、善・不善・無記に通ずる心のはたらきです。他方、《善》（11）《煩悩》（6）《随煩悩》（20）に分類される心作用の性質は、いうまでもなく《善》の心所は善性であり、《煩悩》と《随煩悩》の心所は不善性、ということになります。そして、最後の《不定》（4）は、善とも不善とも一概に定められない心のはたらきで、いわば「その他」というような分類項目です。

これらの心所のなか、どの心所が六識（前五識と第六意識）に付随するかによって、善にも不善にもなり、また、そのどちらでもないということになるのですが、六識に付随する心所について、「此の心所は遍行と／別境と善と煩悩と／随煩悩と不定となり」（第九頌1・2・3）とあるのは、いわば総論として述べたものです。というのも、第六意識と前五識とでは、実は相応してはたらく心所の内容が違うからです。ちなみに、八識それぞれに相応する心所の概略を書き出しますと、次のようになります。

初　能　変　第八阿頼耶識―遍行（5）……五心所

第二能変　第七末那識――遍行（5）・別境（1）・煩悩（4）・随煩悩（8）……十八心所

第三能変　第六意識―――遍行（5）・別境（5）・善（11）・煩悩（6）・随煩悩（20）・不定（4）……五十一心所

第三能変　前五識――――遍行（5）・別境（5）・善（11）・煩悩（3）・随煩悩（10）……三十四心所

つまり、先の「此の心所は遍行と／別境と善と煩悩と／随煩悩と不定となり」は、第三能変の六識をめぐる説明とはいえ、むしろ第六意識を念頭に述べたものです。第三能変とはいえ、第六意識はなんといっても自覚的な〈私〉そのものですから、おのずからそれに焦点を当てて云々《うんぬん》するのですが、それはともかく、このように、第六意識には五十一のすべての心所が付随し得る。そこで、その性質も、時として善ともなり不善ともなる。そしてまた、そのどちらでもない無記の場合もあるわけです。

一方、前五識に相応してはたらくのは、三十四心所です。前五識はいわゆる五感覚で、感覚自体、元来その性質は善でも不善でもないのですが、すでにみたように、前五識は必ず第六意識とともに生じますので、その性質も第六意識に引きずられて決まります。なお、前五識には《遍行》《別境》《善》の心所すべてが付随しますが、《煩悩》は六心所のうち〈貪〉〈瞋〉〈癡〉と相応、また、《随煩悩》の二十心所のうち〈放逸〉〈失念〉〈不正知〉〈掉挙〉〈惛沈〉〈不信〉〈懈怠〉〈散乱〉〈無慚〉〈無愧〉と相応すると考えられています。

このように、六識は場合によって善とも不善ともなり、また、そのどちらでもない無記にもなるのですが、《遍行》の心所の、対象をどのように受けとめるかというはたらきの〈受〉について、『三十頌』第九頌4は「皆、三の受と相応す」と述べています。

「三の受」とは、〈苦受〉〈楽受〉〈捨受（不苦不楽受）〉です。つまり、対象を苦と受けとめる場合、楽と受けとめる場合、そして、苦楽いずれでもないと受けとめる場合があるというのです。六識は私たちの日常世界そのものであり、目の前のことがらをどう受け止めるのかという〈受〉の問題は、なかなか切実です。

ところで、この〈苦受〉〈楽受〉〈捨受〉の三受はいわば六識の総論として示されたもので、前五識と第六意識では、それぞれ好悪の受けとめ方に違いがあります。そうした各論でいえば、〈苦受〉〈憂受〉〈楽受〉〈喜受〉〈捨受〉の五受になります。

まず自分にとって不都合な対象ですが、その場合、前五識に付随してはたらく〈受〉は〈苦受〉、第六意識に付随してはたらく〈受〉は〈憂受〉だといわれます。一方、自分にとって好都合の対象の場合、前五識に付随する〈受〉は〈楽受〉、第六意識に付随する〈受〉は〈喜受〉。そして、そのどちらでもない場合、前五識・第六意識とも〈捨受〉という考察です。

前五識の〈受〉は、視覚・聴覚・嗅覚・味覚・触覚だから、感覚の問題として受け止める。他方、第六意識は知・情・意にわたってはたらくものですが、対象の受けとめ方としては、主に感情が前面に出てくると考えられます。したがって、〈苦受〉と〈楽受〉は感覚的な受けとめ方、〈憂受〉と〈喜受〉は感情的な受けとめ方だといえます。すでにみたように、初能変の第八阿頼耶識は対象を〈捨受〉するだけでした。つまり、私たちの深い心がまず対象を大きくそのまま受けとめるのですが、そこには苦も楽も、憂いも喜びもない——。それが浅い第三能変の六識のレベルになって、現前する対象を、苦・憂・楽・喜あるいは捨とさまざまに受けとめる。そして、次の瞬間、日常の世界が一気に展開されていくという構図です。

こうした五受のなか、〈憂受〉と〈喜受〉に関してですが、西田幾多郎《にしだきたろう》(一八七〇~一九四五)に、――わが心深き底あり喜《よろこび》も憂《うれい》の波もとゞかじと思ふ、という短歌があります。西田にもきびしい人生の悲哀があり、また、悲喜こもごもなのですが、そのなかでこのように詠われたことについて、上田閑照《うえだしずてる》先生は次のように述べておられます。

――西田は深い憂いのうちにいます。それだけにまた、ときに恵まれる喜びも、すでに喜びというだけで大きなものであるでしょう。しかも西田は、憂いの深さに沈み喜びに満たされるその「わが心」に、喜びも憂いも届かない深い底を感じています。憂いの深さに沈む故に、その憂いの深さのうちで、その深さよりももっともっと深い底、底なき底が感じられてきます。底なき深さからの静けさが感じられ、喜びも憂いも底にはとどかない波のように思われます。(『西田幾多郎とは誰か』)

憂いの深さに沈む、それゆえに、その深さよりもっと深いわが心の底を感じる。そして、その深い心は、もはや喜びや憂いの波に洗われることもない。西田はそこに静かな、ある種の究竟《くきょう》なるものを見い出しているであろう、というのです。それもまた、自らの造語「逆対応」ということでしょうか。

むろん、その深い心は唯識の第八阿頼耶識とは違います。しかし、西田を襲った、日常の喜びや憂いの波が洗う心の浅瀬は、唯識でいえば第六意識です。前五識をふくめたそうした心の表面には、好都合と不都合の波が寄せては返します。そのさまざまな波を、前五識の感覚は苦や楽と受けとめ、第六意識の感情は憂や喜と受けとめる——。むろん、捨と受け流すこともあるでしょうが、多くの場面で一喜一憂し、動揺もする……。六識は、そうした悲喜こもごもの日常が繰り広げられるいわば現場なのです。

六識の生起

唯識仏教では、すでに学んだように、第八阿頼耶識がすべての根源、大本です。〈私〉をめぐるあらゆることがらが意識下の第八阿頼耶識から生じ、そしてまた、そこに収まっていく。その端的な表現が「種子生現行、現行熏種子」でした。

このなか、生起だけについていえば、第八阿頼耶識に蓄積・保存された一切種子の中の、ある種子がさまざまな条件の下に現行する。その現行それ自体が、ものごと・ことがらの生起そのものです。この現行を、わかり易く「現実の行為や行動」などというのですが、すべてを心の要素に還元して考える唯識では、現行とは要するに、心の動きに他なりません。

唯識では、第八阿頼耶識自体を種子頼耶と現行頼耶《らや》に分けて考えるほどですが、それはともかく、ほかの七識（第七末那識・第六意識・前五識）についていえば、第八阿頼耶識という根本の識体（根本識、本識）から転変した識体（転識）という関係です。そこで七識を七転識ともいうのですが、このなか、第七末那識の生起は、『三十頌』第五頌3に「彼（本識）に依《よ》って」転ずるとありました。いまの六識については、第一五頌1に「根本識に依止《えじ》す」と述べて、根本識の第八阿頼耶識によって作用するものであることを明らかにしています。そして、そのことを踏まえた上で、『三十頌』第一五頌2・3・4で前五識の、第一六頌1～4で第六意識の特徴を、それぞれ簡潔に述べています。

まず前五識ですが、第一五頌2・3・4に、「五識は縁に随《したが》って現じ／或るときには倶なり、或るときには倶ならず／涛波《とうは》の水に依《よ》るが如し」とあります。眼識・耳識・鼻識・舌識・身識の五識は、衆縁《しゅえん》を待って、つまり、さまざまな条件が整うことによって生じるわけですが、それら五識は同時にはたらくこともあり、また、そうでない場合もあるという指摘です。これは日常の経験からもわかります。しかし、いずれにせよ、たとえ耳《に》の一識だけがはたらく場合でも、必ず第六意識が同時に生じて、耳識の対象の声や音の何たるかを認知します。したがって、前五識の説明とはいえ、言外に第六意識についても述べているわけですが、それは次の「涛波の水に依るが如し」にもいえます。この一句は涛波、つまり、さまざまな波（前五識）もそもそも水（第八阿頼耶識）だという喩《たと》えですが、本識《ほんじき》（水）と転識《てんじき》（涛波）の関係からいえば、当然、涛波には第六意識も含められます。

一方、次の第一六頌1～4は第六意識の生起をめぐって、「意識は常に現起す／無想天に生じたときと／及び無心の二定《にじょう》と／睡眠と悶絶とを除く」と述べています。

第六意識は自覚的で〈私〉そのものといってよく、よくもわるくも各個の中心をなすものので、前五識の感覚作用と比較すれば、「意識は常に現起す」る、といってもよいほどです。しかし、第六意識もまた前五識と同じように有間断《うけんだん》（トギレることがある）であり、生起しない場合があります。それについての説明が第一六頌2・3・4です。つまり、私たちが①無想天に生まれたとき、②無心の二定に入ったとき、そして、③眠っているとき・悶絶《もんぜつ》したとき、の三つの場合だけ第六意識ははたらきません。

①の無想天とは、色界《しきかい》の第四禅《しぜん》天というハイレベルの境界の一つで、ここに達すれば、長期にわたり無心を保つといわれます。私たちは現在、欲望に支配された欲界（地獄・餓鬼・畜生・人《にん》・天――六欲天）の「人」として生存していますが、それよりレベルアップした世界に色界と無色界があります。いわゆる欲界・色界・無色界の三界《さんがい》です。このなか、色界はすでにあらゆる欲望を離脱した世界ですが、まだ肉体があり、その意味で、色《しき》つまり物質的なものからまだ完全に自由でない。そして、その色界をクリアーしたのが無色界

ですが、色界の四禅天もきわめて清浄な世界であり、そこでは第六意識が生起しないと考えられています。日常を洗う好都合と不都合の波、そこに呼び出される愛と憎しみ。あるいは、勝手気ままな思い込み、その揚げ句の煩悶――。それらはまさに第六意識のはたらきですが、欲望の数々を大きく手放し行き着いた色界のハイレベルでは、意識はもはや作用しないのでしょう。

②の無心の二定とは、無想定《むそうじょう》と滅尽定です。定は禅定《ぜんじょう》、深い瞑想《めいそう》のことです。無想定では六識がはたらかず、滅尽定では六識ばかりでなく、第六意識に声なき声で絶えず自己中心性をささやく第七末那識さえなくなると考えられています。

③の睡眠と悶絶は、ほぼ説明不要です。私たちが眠っているときや気絶したとき、意識はありません。ただし、この睡眠は「極睡眠《ごくずいみん》」、つまり、熟睡の場合を指しています。夢をみるような浅い眠りでは、「夢中の意識」といって意識がはたらいていることは、すでに学んだ通りです。

これら三つの場合を除いて、第六意識は常にはたらいているというのですが、欲界に泥《なず》む私たちとしては、色界の無想天はいささかならず遠い世界ですし、気が散って深い瞑想に入ることもままなりません。また、格闘家ならいざ知らず、私たちは日常生活でそうたびたび気を失うこともありませんから、深い眠りにおちないかぎり、第六意識はなんらかのはたらきをしている。まさに、「意識は常に現起す」といわれるゆえんです。

広縁の意識

このように、第六意識の作用はほとんど止むことがなく、対象の一切法を了別します。そのはたらきは、万境を広縁する、といわれるほどです。感覚である前五識の認知は現量、つまり、ただ現在をそのまま知るだけですが、意識は対象を比量し非量する――。つまり、他との比較や推測を交えるなどして、その認識をより確かなものにする一方、誤認もする。意識は現在のみならず、過去の記憶と照合することも、未来を予測することもできるわけです。

さきにみたように、前五識には必ず第六意識が倶起しますが、不倶の意識といって、定中の意識・夢中の意識・独散の意識など第六意識は単独でも生起します。独散の意識はどんどん拡散していく意識で、連想などもこの部類に入るのではないかと思いますが、いずれにせよ、第六意識が認識する対象は広いのです。

その対象は、時間でいえば悠久の過去から永遠の未来まで、空間ならば銀河宇宙の果てまででしょうか。ミクロの世界からマクロの世界まで、むろん、日常の人間関係からその人間を超えたものに自己を問うことまで、ほとんど無限といっていいくらいです。そうした実にさまざまな対象に、いわば第六意識の知・情・意が挑む——。まさに、人間の営みそのものです。

唯識仏教は第八阿頼耶識が根源であり大本ではありますが、わが知・情・意の現場であれば、ある意味で、第六意識こそ重要です。日々の決意も、仏道の発心も、精勤することものんべんだらりんと過ごしてしまうのも、すべて心の表面の仕業です。わが世界を大きくするのも小さくするのも、さまざまな外的要因・条件もあるでしょうが、第一義的には、第六意識の〈私〉です。

好都合←貪欲
不都合←瞋恚
═══
癡(無明)

この点、根本的な煩悩について、仏教では「貪瞋癡の三毒煩悩」と言い習わしています。ふつう、これらを並列的に理解しがちですが、そうではなく、根源的な癡(無明、道理に暗い、まよい)の上に展開する貪欲(むさぼり)と瞋恚(いかり)という構図で、重層的にとらえるのが正解です(右図参照)。

そして、好都合には貪欲がはたらいて、それをわが身に引き寄せる。一方、不都合には瞋恚をはたらかせて、排除の論理です。世の中、好都合と不都合が相半ばしますが、不都合の半分を排除してしまったら、なるほど気分はスッキリするでしょうが、世界は狭くなるばかりです。ちょっとした行き違いで不都合と決めつけたり、目先の利害得失という狭い了見で、本来の豊かな関係性を惜しげもなく切り捨ててしまうのも、第六意識のはたらきです。

ちなみに、関係性の豊かさを示す仏教語に「不障増上縁《ふしょうぞうじょうえん》」というのがあります。増上縁とは、ものごとを成立させる要素という意味で、ふつうは「与力《よりき》増上縁」を指します。つまり、ものごとの成立に「与《あずか》って力がある」わけですから、そうした与力増上の縁は、私たちにとってまさにウエルカム。いわゆる「良い御縁」です。

しかし、増上縁はそればかりではなく、不障もある――。つまり、障害にならないものもまた、ものごとの成立にとって重要な要素だというのです。たとえば、協力的でないが、さりとて邪魔もしない人がこの部類でしょう。ふつうは、協力してくれない人はどうみても、ものごとの成立には無関係です。そうであれば、気持ちの中のリストから、その人をそっと削除するか、「少しも協力してくれない」と不平を鳴らして、切り捨てるかでしょう。その時その時の、きわめて狭い了見で判断して、関係なさそうなのは皆、削除です。そのほうが、仕事の効率がいいのかもしれません。しかし、そういう不障増上縁の中に、将来の与力増上の御縁が潜んでいるとしたら、あまりにも惜しいという他ありません。そうした不障増上縁も当然、一切法の中ですし、しかも数でいえば、むしろ、圧倒的多数を占めるものです。

このように考えると、いわゆる心の第六意識の対象が一切法だというのは、私たちが豊かな関係性を求める上で、はなはだ重大な視点を提供しているのではないかと考えます。

第二章　心のはたらき

〔一〇〕

1 初遍行触等 …… 初の遍行というは触等なり。

2 次別境謂欲 …… 次の別境というは謂わく欲《よく》と

3 勝解念定慧 …… 勝解《しょうげ》と念《ねん》と定《じょう》と慧《え》となり。

4 所縁事不同 …… 所縁の事ィィ不同なるをもってなり。

〔一一〕

1 善謂信慚愧 …… 善というは謂わく信《しん》と慚《ざん》と愧《ぎ》と

2 無貪等三根 …… 無《む》貪《とん》等の三根《さんこん》と

3 勤安不放逸 …… 勤《ごん》と安《あん》と不《ふ》放逸《ほういつ》と

4 行捨及不害 …… 行捨《ぎょうしゃ》と及び不害《ふがい》とぞ。

〔一二〕

1 煩悩謂貪瞋 …… 煩悩というは謂わく貪《とん》と瞋《しん》と

2 癡慢疑悪見
3 随煩悩謂忿
4 恨覆悩嫉慳

（一三）

1 誑諂与害憍
2 無慚及無愧
3 掉挙与惛沈
4 不信并懈怠

（一四）

1 放逸及失念
2 散乱不正知
3 不定謂悔眠
4 尋伺二各二

癡《ち》と慢《まん》と疑《ぎ》と悪見《あっけん》とぞ。
随煩悩というは謂わく忿《ふん》と
恨《こん》と覆《ふく》と悩《のう》と嫉《しっ》と慳《けん》と

誑《おう》と諂《てん》と害《がい》と憍《きょう》
無慚《むざん》と及び無愧《むぎ》と
掉挙《じょうこ》と惛沈《こんじん》
不信《ふしん》と并びに懈怠《けだい》と

放逸《ほういつ》と及び失念《しつねん》と
散乱《さんらん》と不正知《ふしょうち》となり。
不定というは謂わく悔《け》・眠《みん》と
尋《じん》・伺《し》とぞ。二に各二つあり。

（現代語訳）

〔一〇〕ここで、《遍行》《別境》《善》《煩悩》《随煩悩》《不定》という六つのグループにそれぞれ分類される五十一の心所を列挙しましょう。

初めの《遍行》に属するのは触等、つまり、〈触〉〈作意〉〈受〉〈想〉〈思〉の五心所です。これらは、初能変の阿頼耶識のところでみました。次の《別境》には、〈欲《よく》（希求する）〉〈勝解《しょうげ》（深く了解する）〉〈念《ねん》（記憶する）〉〈定《じょう》（集中する）〉〈慧《え》（択《えら》び分け、正邪を判断する）〉の五心所があります。これらは《遍行》とちがって特別な境（対象）にはたらくので、《別境》といわれます。

〔一一〕さて、私たちを仏の世界に押し上げる《善》の心所は〈信《しん》（自己を真理に委ねる）〉〈慚《ざん》（自らを顧み、また、教えに照らして恥じる）〉〈愧《ぎ》（他に対して恥じる）〉と、無貪《むとん》などの三根《さんこん》（〈無貪（むさぼらない）〉〈無瞋《むしん》（排除しない）〉〈無癡《むち》（真理・道理に即する）〉の三善根《さんぜんごん》）、そして、〈勤《ごん》（たゆまず努める）〉〈安《あん》（軽安《きょうあん》。身心がのびやかで、はればれとしている）〉〈不放逸《ふほういつ》（欲望をつつしむ）〉〈行捨《ぎょうしゃ》（平等にして、かたよらない）〉〈不害《ふがい》（いのちをあわれみ、他を悩ませない）〉の十一です。

〔一二〕一方、仏の世界に違反するはたらきの《煩悩》ですが、〈貪《とん》（むさぼる）〉〈瞋《しん》（排除する）〉〈癡《ち》（真理・道理に暗い）〉〈慢《まん》（自己を恃《たの》み、他をあなどる）〉〈疑《ぎ》（真理・道理をわきまえ得ず、疑う）〉〈悪見《あっけん》（誤った見解に立つ）〉の六心所。そして、これらの根本煩悩から派生した《随煩悩》としては、〈忿《ふん》（腹をたて、危害を加えようとする）〉〈恨《こん》（うらむ）〉〈覆《ふく》（隠し立てする）〉〈悩《のう》（他を悩ませる）〉〈嫉《しっ》（ねたむ）〉〈慳《けん》（ものおしみする）〉、（一三）〈誑《おう》（たぶらかす）〉〈諂《てん》（へつらう）〉〈害《がい》（いのちへの思いやりがなく、他を悩ませる）〉〈憍《きょう》（うぬぼれる）〉〈無慚《むざん》（自らを顧みず、また、教えに照らして恥じない）〉〈無愧《むぎ》（他に対して恥じない）〉〈掉挙《じょうこ》（気持ちが騒がしく浮き立つ）〉〈惛沈《こんじん》（気持ちが深く沈む）〉〈不信《ふしん》（真理を顧みない）〉〈懈怠《けだい》（なまける）〉、（一四）〈放逸《ほういつ》（欲望のままにふるまう）〉〈失念《しつねん》（記憶を失う）〉〈散乱《さんらん》（集中を欠いて乱れる）〉〈不正知《ふしょうち》（誤って理解する）〉の二十心所が考えられます。

最後の《不定》は、〈悔《け》（くやむ）〉〈眠《みん》（ねむたくなり、身心の自在を失う）〉と〈尋《じん》（認識の対象をおおざっぱに思いはかる）〉〈伺《し》（認識の対象を詳細に思いはかる）〉の四心所です。なお、〈悔〉〈眠〉と〈尋〉〈伺〉の二つにはそれぞれ、染《ぜん》（不浄）と不染《ふぜん》（浄）の場合があり、それによって性質が変わります。《不定》といわれるゆえんですが、これら四つの心所は《遍行》《別境》《善》《煩悩》《随煩悩》のいずれにも入らないものでもあり、いわば「その他」とでもいうべき分類です。

心所リスト

唯識仏教では、心所として五十一を数え、それらを六つのグループに分類しています。これを「六位五十一心所」といい、『三十頌』は、第一〇～一四頌の五頌を用いて簡潔に示しています。まずは一覧で、そうした五十一心所のあらましをみておきましょう。

一、遍行……どのような認識にもはたらく基本的なもの〔5〕
触（心を認識対象に接触させる）
作意（心を起動させる）
受（認識の対象を苦とか楽、憂とか喜、あるいは、そのどちらでもないと受け止める）
想（受け止めたものを自己の枠組みにあてはめる）
思（認識対象に具体的にはたらきかける）

二、別境……特別な対象にだけはたらくもの〔5〕
欲（希求する）

勝解（深く了解する）
念（記憶する）
定（集中する）
慧（択《えら》び分け、正邪を判断する）

三、善……仏の世界に順ずるもの〔11〕

信（自己を真理に委《ゆだ》ねる）
慚（自らを顧み、また、教えに照らして恥じる）
愧（他に対して恥じる）
無貪（むさぼらない）
無瞋（排除しない）
無癡（真理・道理に即する）
勤（たゆまず努める）
安（軽安。身心がのびやかで、はればれとしている）
不放逸（欲望をつつしむ）
行捨（平等にして、かたよらない）

不害（いのちをあわれみ、他を悩ませない）

四、煩悩……仏の世界に違反するもの〔6〕

貪（むさぼる）

瞋（排除する）

癡（真理・道理に暗い）

慢（自己を恃《たの》み、他をあなどる）

疑（真理・道理をわきまえ得ず、疑う）

悪見（誤った見解に立つ）

五、随煩悩……煩悩から派生した仏の世界に違反するもの〔20〕

忿（腹をたて、危害を加えようとする）

恨（うらむ）

覆（隠し立てする）

悩（他を悩ませる）

嫉（ねたむ）

慳（ものおしみする）
誑（たぶらかす）
諂（へつらう）
害（いのちへの思いやりがなく、他を悩ませる）
憍（うぬぼれる）
無慚（自らを顧みず、また、教えに照らして恥じない）
無愧（他に対して恥じない）
掉挙（気持ちが騒がしく浮き立つ）
惛沈（気持ちが深く沈む）
不信（真理を顧みない）
懈怠（なまける）
放逸（欲望のままにふるまう）
失念（記憶を失う）
散乱（集中を欠いて乱れる）
不正知（誤って理解する）

六、不定……その他
悔（くやむ）
眠（ねむたくなり、身心の自在を失う）
尋（認識の対象をおおざっぱに思いはかる）
伺（認識の対象を詳細に思いはかる）

心王と心所　遍行の心所

唯識仏教は、前五識（眼識・耳識・鼻識・舌識・身識）・第六意識・第七末那識・第八阿頼耶識の八識が、表面心と深層心、本識と転識という二種の重層構造になっていることを明らかにしました。そうしたことを前章までに学んだのですが、また、それら八識の識体（心王《しんのう》）と心所についても、心王は総相を取り、心所が総相と別相を取る、という関係であることもすでに一瞥《いちべつ》しました。つまり、心王が対象を概括的に認識し、それにもとづいて、その心王に付随してはたらく心所が対象をくわしく了別し、具体的にはたらいていく——。このように、心所が付随してはたらくことを「心王に相応する」というのですが、五十一心所を学ぶにあたり、八識心王とそれに付随してはたらく心所の相応関係を、改めて確認しておきたいと思います。

第八阿頼耶識――遍行（5）

第七末那識――遍行（5）
　　　　　　　別境（1　慧）
　　　　　　　煩悩（4　貪・癡・慢・悪見――身見）
　　　　　　　随煩悩（8　不信・懈怠・放逸・失念・散乱・不正知・掉挙・惛沈）

第六意識――遍行（5）
　　　　　　別境（5）
　　　　　　善（11）
　　　　　　煩悩（6）
　　　　　　随煩悩（20）
　　　　　　不定（4）

前五識――遍行（5）
　　　　　別境（5）
　　　　　善（11）
　　　　　煩悩（3　貪・瞋・癡）
　　　　　随煩悩（10　放逸・失念・不正知・掉挙・惛沈・不信・懈怠・散乱・

無慚・無愧）

このように、八識心王はそれぞれ相応する心所が違うのですが、いずれにせよ、こうした相応する心王と心所（これを、心心所《しんしんじょ》といいます）によって、ものごとが了別されていきます。

これら五十一心所のうち、《遍行》の心所は、初能変・第八阿頼耶識のところでみましたように、「遍《あまね》く行なわれる」という意味で、およそ心が動くときは必ずはたらくものです。まず〈触〉と〈作意〉の作用で、根境識《こんきょうしき》の接触によって心が起動し、そこから〈受〉〈想〉〈思〉という一連の心作用によって認識対象へのスタンスが整えられ、私たちの日常の世界が一気に展開します。

その冒頭の〈受〉の心所ですが、認識の対象をどのように受け止めるかについて、苦・楽・憂・喜・捨の五受が考察されています。これを、八識心王との相応で示しますと、次のようになります。

第八阿頼耶識―捨受
第七末那識――捨受
第六意識―――憂受・喜受・捨受

前五識――――苦受・楽受・捨受

私たちは何かといえばすぐ、気分や好都合・不都合の尺度を持ち出して、好悪のハナシにしてしまいがちです。が、それは六識という表面心の、しかも、こんにちただ今の話題であって、意識下ではあくまでも捨受です。苦でも楽でもなく、憂でも喜でもない――。そういうものとして、すべてを大きく受け止めているというのです。現代の情報社会に暮らす身とはいえ、私たちの日常は、その場その場のチマチマした対応に終始しています。こうしたとき、身心の基体というべき意識下の第八阿頼耶識が、あらゆるものを捨受しているということの意味を、折にふれて問うてみたいものだと思います。

次の〈想〉の心所は、苦・楽や憂・喜かはともかく、そのように受け止められたものを自己の枠組みにあてはめるはたらきです。これを第六意識でいえば、要するに、コトバへの置き換えです。『三十頌』の注釈書『成唯識論』は、――想とは、境のうえに像を取るをもって性《しょう》となし、種種《くぎぐさ》の名言《みょうごん》を施設するをもって業《ごう》となす、と述べています。名言はコトバ、性は本質、業は具体的なはたらきのことです。言語は文化の枠組みというか文化そのもので、〈受〉の内容をそういう言語体系というか、人それぞれが持つ特有の文脈のなかで処理するはたらきが〈想〉です。

そして、その上で動いていくのが〈思〉の心所です。本書ではこの〈思〉の心所を、

「認識対象に具体的にはたらきかける」ものと表記しました。ちなみに、『成唯識論』の定義を参照しますと、――心を造作せしむをもって性となし、善品等《ぜんぼんとう》のうえに心を役《やく》するをもって業となす、とあります。心を造作せしむとは、要するに、一つ一つの具体的なはたらきのことでしょう。それが〈思〉の心所の本質であり、その具体的な一つ一つの心のはたらきは当然、善や不善、あるいは、そのどちらでもない無記のいずれかになるであろう、というのです。

そうした善・不善・無記のさまざまな心のはたらきの、まさにその中身が、これからみていく《別境》《善》《煩悩》《随煩悩》《不定》の心所ということになります。

別境と善

《別境》の心所は、どのような場合にもはたらくものではなく、ある特別な境に対してはたらきます。その境の性質は当然、善・不善・無記にわたってしかるべきですし、染や不染という要素も考えられます。その点、有覆無記の第七末那識に相応する《別境》の〈慧〉の心所は、注意を要します。つまり、第七末那識に相応してはたらく〈慧〉は、第八阿頼耶識を特別な対象としてさまざまなものの中から択《えら》び分けます。そういう〈慧〉のはたらきの上に、第八阿頼耶識を「実我」と誤認し執着するのですから、具合がわるいわけです。

しかし、それはともかく、仏教の本来は仏の世界に順ずることであり、その見地に立てば、《別境》の心所が善・悪・無記に通ずるとはいえ、やはり善の方向でのはたらきが期待されます。ここでは単なる心所論ではなく、そうした宗教的な要請をふまえて、《別境》の心所と《善》の心所をいっしょにみていきたいと思います。

〈欲〉の心所は、なにごとかを希求するはたらきです。一般に、欲といえば汚れた欲望をイメージしてしまいますが、仏の世界を目指す意味では、その特別の対象とは仏の世界そのものであり、また、その仏の世界へと私たちを導く善き教え（善法）です。そうしたものをひたすら欲《ねが》う、そういう善法欲《ぜんぽうよく》がこの場合、大きく浮び上ってきます。

例によって、『成唯識論』の定義を参照しますと、──所楽《しょぎょう》の境のうえに希望《けもう》するをもって性となし、勤《ごん》が依《え》たるをもって業となす、と述べています。「所楽の境」は楽《ねが》わしい対象の意味で、この場合、善法です。それを希望する、希求することが〈欲〉という心所の本質であり、その善法欲の具体的なはたらきは「勤が依たる」こと。つまり、《善》の心所の〈勤〉のよりどころとなるというのです。これをみても、善の方向で躍動する〈欲〉こそ求められていることがわかります。

〈勝解《しょうげ》〉は、特別な対象を深く了解するはたらきです。この場合の、特別な対象とは

「決定の境」だといわれます。つまり、あれやこれやではなく、あれかこれかの「これだ」ということがらを深く了解するわけです。良遍の『法相二巻抄』には、――勝解ノ心所ハ、何事モヒシト思ヒ定ムル心也、とありますが（傍点、引用者）、きわめて実感的な説明です。「何事モ」と一般的な物言いになっていますが、むろん、望まれるのは善の方向です。他でもない仏の教え（善法）を、それこそヒシと了解してブレないのが、〈勝解〉の心所です。

〈念〉は、対象を明確に記憶して忘却しないはたらきですので、明記不忘といわれます。この場合の対象は「曽習《ぞうじゅう》の境」、つまり、曽《かつ》て認識したものを明記して忘れない。それが〈念〉の本質で、具体的なはたらきとしては「定が依《じょうえ》たる」、つまり、次の〈定〉のよりどころとなることだと考えられています。

もとより、仏道の本旨にかなった〈念〉でなければいけませんが、そういう善念をよりどころとして躍動するのが〈定〉の心所です。心を「所観《しょかん》の境（観察の対象）」に集中するはたらきです。対象に専注・集中するので心はおのずから散乱せず、それが「智（慧）の依たる」こと、智慧のよりどころとなっていきます。なお、こうした専注不散の心を「定心」といい、散乱する散心《さんじん》から定心へ、というのが仏教の大きな道筋です。この定心に「心一境性《しんいっきょうしょう》」の定義がありますが、心が一なる対象に専注することによって得られる、散心を制した状況をよく示しています。

〈慧〉の心所は択《えら》び分け、得失や正邪を判断するはたらきです。そうして択び分けられた特別の対象（〈定〉と同じ「所観の境」）であれば、もはや疑いなぞあろうはずもなく、それゆえに深く了解します。

このように、〈欲〉は所楽の境に、〈勝解〉は決定の境に、〈念〉は曾習の境に、そして、〈定〉と〈慧〉とは所観の境に対してはたらきます。そうした特別な、というか、別々の境にはたらくので、これらを《別境》の心所といいます。『三十頌』の第一〇頌4は、そのことを「所縁の事ィィ不同なるをもってなり」と述べています。この所縁の縁も認識の意味で、「所縁の事（縁ぜられる所の事）」とは、要するに、認識の対象（境）のことです。その境が別々で同じでない、ゆえに別境だというわけです。なお、「所縁の事ィィ不同なるをもってなり」のイイは古来の読み癖で、いわば主語を強調する助詞です。――《別境》の心所の境はこんなに違うんだ、ということでしょうか。以上が、《別境》の心所のあらましです。

つづいて、《善》の十一心所を概観しましょう。その前に、仏教が考える「善」ということを、改めてみておきたいと思います。本書では、それを「仏の世界に順ずるもの」だと述べてきました。その仏の世界が明らかにした真理とは、すべてはそのものが偶然かつ実体として単独に在るのではなく、縁起の存在だということでした。つまり、ある条件の下、さまざまな要素（因縁）が一時的に合わさって生起・成立したもので、すべては変化の中にある――。言い換えれば、すべてを空なるものとして理解する。そこから当然、（不変実在と誤解するゆえに執着して止まない、そういう）執着の虚《むな》しさも導き出されるのですが、そういう仏の世界・真理の世界に私たちを押し上げる力となるのが、《善》の心所です。むろん、その心のはたらきは、他者をも順益するものとして位置づけられます。

この《善》の心所の最初は、自己を真理に委《ゆだ》ねるはたらきの〈信〉です。龍樹菩薩《りゅうじゅ》の「仏法の大海は、信をもって能入となす」という有名な一文を引くまでもなく、仏の世界に順ずるためには、〈信〉の躍動は最重要事項です。が、盲目的信仰など、一般にこのことばにはすっかり手垢《てあか》がついています。その意味でも、信ということをしっかり学ぶ必要があるのですが、その点、『成唯識論』の、

――いかなるか信となす。実《じつ》と徳《とく》と能《のう》とのうえに深く忍《にん》し楽《ぎょう》し欲して、心を浄《じょう》ならしむるをもって性となし、不信を対治し善を楽《ねが》うをもって業となす。

という定義は見逃せません。やや複雑な感じもしますが、次のように表示すれば、わかり易いかと思います。

①実を深く忍す
②徳を深く楽す
③能を深く欲す

①の実とは、存在するものすべて（これを、事《じ》といいます）と、それらを貫く真理（これを、事に対して理《り》といいます）で、その事と理とを深く忍す——。忍は、この場合、認識の意味です。つまり、この世のあらゆるものは縁起の存在であり、ゆえに不変実体でなく、つねに変化の中にあると、しっかり了解する。この、深く忍することを「信忍《しんにん》する」ともいうのですが、それが〈信〉の一つの側面だというのです。

②の徳とは、仏・法・僧の三宝の徳のことで、それらを心から求める——。楽は、前にも出ましたように、楽《ねが》わしくおもうことです。仏の世界に大きくかかわっていきたいという気持ちでしょうか。そうした仏をめぐるさまざまな徳性を「信楽《しんぎょう》する」側面が、ここで考察されています。そして、③の能とは、善法を能《よ》く行ない得ることで、そうあれかしと深く志すことです。

この「信欲《しんよく》する」という意志が最終的に、私たちを仏法の大海に押し込むのでしょうが、仏教が考える「信」はこのように知・情・意にまたがる総合的なはたらきで、よくいわれる盲目的信仰などとはまったく異質なものであることがわかります。とくに「実を信忍する」という知的なはたらきが最初に取り上げられている意味は、はなはだ重要です。いずれにせよ、こうした実を信忍し、徳を信楽し、そして、能を信欲することが、心の浄化をうながしていく――。それが〈信〉の心所の本質であり、具体的なはたらきとして、不信を制して、善を楽《ねが》うことだと指摘されています。

次の〈慚《ざん》〉と〈愧《ぎ》〉の心所は、どちらも自己のあやまちを恥じることですが、〈慚〉は自らを顧み、また、教えに照らして恥じること。それに対して、〈愧〉は他に対して恥じるという違いがあります。

ふつう、恥じ入ることを「慚愧《ざんき》に堪えない」といいますが、仏教ではこのように、相異点を見い出しています。もっとも、《善》の十一心所はそのうち一つでも生起すれば、〈軽安〉以外はいっしょにはたらくと考えられていますので、〈慚〉がはたらいて〈愧〉ははたらかない、あるいは、〈愧〉ははたらくが〈慚〉は眠っているということはありません。

ただ日常の一般的な実感としては、恥じるのは、他というか世間というか、何かそうした外部のものをイメージして、自分の行為を恥ずかしく思うのではないでしょうか。〈慚〉と〈愧〉でいえば、それは〈愧〉でしょう。むろん、仮にそれだけでも、悪の行為に走るのを防止する力があるのですが、ここでやはり、〈慚〉の心所に注目したいと思います。

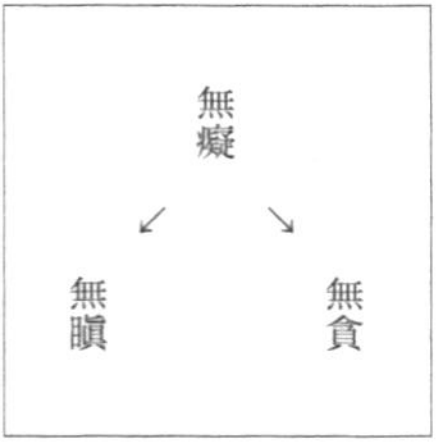

〈慚〉の心所は自らを顧み、教えに照らして恥じることでした。その「自ら」と「教え」は要するに、〈信〉のところでみた信忍する「実」ということでしょう。「存在するものすべて（事《じ》）」には、いうまでもなく自己が入っており、そうした事を貫く理《り》とは、すなわち仏法です。すでに信忍するところの「実（事と理）」に恥じる——。私たちは何かとあやまちの多い身の上ですが、ならばこそ、この〈慚〉の心所を強く意識した生活を試みたいと思います。

ところで、『三十頌』の第一一頌2に「無貪等の三根」とあるのは、〈無貪〉〈無瞋〉〈無癡〉の三善根のことです。後に述べる《煩悩》の心所の〈貪〉〈瞋〉〈癡〉のいわゆる三毒煩悩をよく制して、善をなすはたらきがありますので「三善根」と呼ばれます。善をよく生ぜしめる三つの力という意味です。〈無貪〉はあらゆるものに執着せず、むさぼらないこと。〈無瞋〉は不都合なことがらにも怒《いか》らず、排除しないことです。

そして、〈無癡〉は真理・道理に即することです。『成唯識論』はこの心所を、——諸《もろもろ》の理と事とのうえに明《あきらか》に解《げ》するをもって性となし、愚癡を対治して善を作すをもって業となす。と定義しています。ここにもまた、「理」や「事」が出てきます。あらゆるものと、それらを貫く道理というか真理を明らかに了解するのが、〈無癡〉の本質だというのです。

こうした知的で確実な了解があるからこそ、あらゆるものへの執着を手放し、不都合と思われることがらにも心を高ぶらせず冷静に対処し、排除しないことが可能なのでしょう。そうであれば、三善根とはいえ並列的ではなく、右のような構図で理解すべきものかと思います。

さて、次の〈勤《ごん》〉は、たゆまず努めることです。〈精進〉ともいい、後にみる《随煩悩》の〈懈怠（なまける）〉を制して、善の完成に力があります。――勤というは謂《い》わく精進ぞ。善悪品の修し断ぜらるることの中において勇悍《ゆうかん》なるをもって性となし、懈怠を対治し善を満するをもって業となす。とは、例によって『成唯識論』の定義ですが、善を修し悪を断ずるに勇悍（勇敢）であることが、〈勤〉という心所の本質だとあります。何事もこうした勇猛果敢さがなければ、ものごとは成就しませんが、そのなか、善の方向性を有するものが〈勤〉です。この〈勤〉のよりどころとなるのが、さきに一瞥《いちべつ》した《別境》の〈欲〉の心所です。すなわち、善法を欲《ねが》う気持ちをよりどころにして、〈勤〉の心所が躍動していくわけです。

『三十頌』の第一一頌3に「安」とあるのは、〈軽安《きょうあん》〉のことです。心所は心のはたらきですが、これは身心がのびやかで、はればれとしているといういわば状況を表わしています。実は、この〈軽安〉は日常の散心では生起せず、深い瞑想《めいそう》に入り煩悩の束縛を離脱してはじめて、躍動するのだといわれます。具体的なはたらきとして、《随煩悩》の〈惛沈《こんじん》（気持ちが深く沈む）〉を制すると考察されていますが、煩悩の束縛に苦しむ重々しい状況を脱した、いかにも軽やかなさまがイメージされます。

次に〈不放逸〉ですが、欲望をつつしむことです。これは、〈勤〉と三善根の〈無貪〉〈無瞋〉〈無癡〉に基づく心所で、断悪修善にさいして、心が放逸にならないようにするはたらきです。

〈行捨〉は平等にして、かたよらないことです。これもまた要するに〈勤〉と三善根のはたらきなのですが、これらの心所が躍動すれば、心を極端に傾かせず、平等ですなお、かつ、無功用《むくゆう》なものにする——。こうしたことを一つの心所とみなして抽出し、〈行捨〉と名づけたものです。具体的には、《随煩悩》の〈掉挙（気持ちが騒がしく浮き立つ）〉を制するはたらきがあるといわれ、心はきわめて静寂なものとなります。しかも、その静寂は「無功用に」、つまり、「意図し努力してそうなるのでなく、おのずから」、そういう状況になるのだといわれます。

最後の〈不害〉は、いのちをあわれみ、他を悩ませない心のはたらきです。これは三善根の一つ〈無瞋〉の、有情《うじょう》（いのちあるものたち）に対する態度をとくに取り出したものと考えられています。この〈無瞋〉と〈不害〉のちがいについて、良遍の『法相二巻抄』

は、——無瞋ハ慈ナリ、不害ハ悲ナリ。と端的に述べています（慈は与楽、悲は抜苦の意味）。

なお、その良遍は《善》の十一心所の説明を終えるにさいして、——……誰モミナ善心起ス時ハ、此《この》十皆必ズ起《おこる》ナリ。定《じょう》ヲシタル人ハ軽安モ起ル、此故ニ十一皆ナ起ル。と記しています。《善》の十一心所のうち、〈軽安〉だけがちょっと特殊で、定つまり深い瞑想の中でしかはたらきません。以上が、《善》の心所の概略です。

煩悩・随煩悩と不定

《煩悩》と《随煩悩》は、仏の世界に違反する心のはたらきです。《煩悩》とは根本煩悩の、〈貪〉〈瞋〉〈癡〉のいわゆる三毒煩悩（三不善根ともいいます）、そして、〈慢〉〈疑〉〈悪見〉の六心所です。総じて、私たちが仏の世界に近づこうとするのを妨げるはたらきです。

私たちは端的にいえば、好都合・不都合の生きものです。好都合な人・好都合な物・好都合なことがら、好都合な状況ほど愉快なことはありません。私たちは、これをできるだけ手元に引き寄せ、いつまでも愛《いつく》しんでいたい——。一方、不都合なものはその反対に不愉快であり、視野の外に押し出し排除しようとします。いうまでもなく、前者が〈貪（む

〈癡〉

↙　↘

〈貪〉＝愛…好都合にはたらく

〈瞋〉＝憎…不都合にはたらく

さぼり）〉、後者が〈瞋（排除する）〉という心のはたらきです。貪欲と瞋恚《しんい》の躍動ですが、ほとんどの場合、その場その場の一時的な感覚や気分の下に好都合・不都合を選り分けた結果で、まことにこの世は、愛と憎しみの交叉する世界となっています。そして、その愛と憎しみ、つまり、貪欲と瞋恚のほとばしりの大本《おおもと》が〈癡（真理・道理に暗い）〉、愚癡という構図です。これは三善根の場合と同じです。

大本の〈癡〉の定義を例によって『成唯識論』でみてみますと、――諸の理と事とのうえに迷闇なるをもって性となし、よく無癡を障《さ》え一切の雑染《ぞうぜん》が所依《しょえ》たるをもって業となす。とあります。ここにも、信忍すべき実（事と理）が出てきます。その実に迷闇であることが、〈癡〉の心所の本質だというのです。それで、この心所を〈無明〉ともいうのですが、具体的なはたらきとしては〈無癡〉の躍動に障害となること、さらに「一切の雑染が所依たる」、つまり、心を汚《けが》すあらゆる煩悩のよりどころとなることです。

以上のようなことを図示すれば、右の図のようになります。こうしたいわば負の構図を対治し制するのが、〈無貪〉〈無瞋〉〈無癡〉の三善根のはたらきです。これはつまり、三不善根がなくなったところに三善根が生じるのではなく、三善根の躍動によって三不善根がなくなるということを示しています。善心が不善心を制して、人を仏の世界に押し上げるのだという考え方が、ここに端的に現われています。

〈慢〉は、自己を恃《たの》み、他者《ひと》をあなどる心のはたらきです。これは、第二能変の第七末那識のところでも一瞥しましたように、他者との比較の上にはたらく優越感の心所です。

人間関係は、そのかなりの部分が比較の上に成り立っていますので、〈慢〉がはげしく動くのも避けがたいのですが、『大乗五蘊論《だいじょうごうんろん》』では、慢・過慢・慢過慢・我慢・増上慢・卑慢・邪慢の七慢が考察されているほどです。ちなみに、最初の〈慢〉ですが、――劣《れっ》においては己《おの》が勝《しょう》を計《けい》し、あるいは等《とう》において己が等を計して、心、高挙《こうこ》なるを性となす。と記されています。これは、劣っている人をみて自分のほうが勝れていると思い、同等の人には大体、同じだと思って心が高ぶるというのです。これはふつうというか、実に当たり前の話なのですが、その当たり前のなかに、すでに慢心の優越感が躍動しているという考察です。あとは推して知るべし、というところでしょうか。

なお、〈卑慢〉は涙ぐましい優越感とでもいうべきもので、――多分殊勝において、己が少分不劣を計し、心、高挙なるを性となす。とあります。この場合、相手はひじょうに勝れていて、とても太刀《たち》打ちできないのですが、それでも、そのすごい人と自分とを比較して、「己が少分不劣」だと思って高ぶるというのです。つまり、――アイツはたしかにすごい。でも、このオレだっていい線いってる。ほんのちょっとしか劣っていない。というわけです。自分の優位をなんとか確保したい人間心理を如実に解明しています。

〈疑〉は、真理・道理をわきまえ得ず、疑うことです。事を貫いている理というものにいささかの疑いも持たない――。というのは善そのものですが、それを妨げる心所で、例の、信忍すべき実（事と理）に迷闇であることから生じる心のはたらきです。

最後の〈悪見〉は、誤った見解に立つことで、不正《ふしょう》見ともいいます。これは細分すれば、①身《しん》見②辺見③邪見④見取《けんしゅ》見⑤戒禁取《かいごんじゅ》見の五つになると考察されています。

①の〈身見〉ですが、元来さまざまな要素の一時的な和合によって成り立っている自分の心や身体に、なにか実体的な「私というもの」を見い出し、そしてまた、「これは私のものだ」との思いにかられる――。それが〈身見〉です。原語のサンスクリットを音写して薩迦《さつが》耶《や》見とも表記しますが、こうした心のはたらきのうち、先天的でトギレのないのが第七末那識に相応する〈我見〉でした（本書第一章・第二能変「四つの煩悩」の項、参照）。なお、②以下はほぼ後天的な習得で身につけたもので、第六意識にしか相応しません。

②の〈辺見〉は、①の〈身見〉のあとに生起すると考えられるもので、極端な見解に立つことです。死んだら無になる（これを、断見といいます）とか、死んでもなお自己にかか

わる何ものかが存続する（これを、常見といいます）という、極端な考え方にとらわれることです。

③の邪見は、「因果撥無《はつむ》の邪見」といって、因果の道理を尊重しないことです。事件や現象が複雑怪奇――、何がなんだかよくわからない。というような場合でも、それはただ、因果関係を明らかにすることができないだけで、どんなに複合的であれ、なにごとも原因と結果の筋道はあるわけです。それを、――因果なんて無いんだ、と撥《は》ねかえして否定してしまえば、あらゆることがらが崩れて、善の構築が妨げられます。まさに制すべき邪見です。

④の見取見とは、身見や辺見あるいは邪見をもっとも良い考え方として受け入れ、また、それに導かれてこそ、清浄の境地に至ることができるのだと考えることです。そして、⑤の戒禁取見は、あやまった見解の宗教が示す戒（たとえば、苦行など）を採用し、それこそが清らかな境地への道だと錯覚することです。以上が、仏の世界に違反するはたらきの根本煩悩六心所の概略です。

これらの根本煩悩に基づいて生起するのが、《随煩悩》の二十心所です。《随煩悩》については、大随惑・中随惑・小随惑の分類があります（惑は、煩悩と同義です）。まず最初に、その意味と、大中小にそれぞれ分類される《随煩悩》の心所を一覧でみておきたいと思います。

大随惑（8）――不善と染汚《ぜんま》（有覆《うふく》無記）の心に相応、付随してはたらくもの
……掉挙・惛沈・不信・懈怠・散乱・放逸・失念・不正知

中随惑（2）――不善の心に相応してはたらくもの
……無慚・無愧

小随惑（10）――それぞれが独自・個別にはたらくもの
……忿・恨・覆・悩・嫉・慳・誑・諂・害・憍

このなか、小随惑の〈忿〉は、腹をたて危害を加えようとする心です。これはいうまでもなく、根本煩悩の〈瞋〉の具体的なはたらきの一つです。その意味では、うらむ心の〈恨〉も、他を悩ませる〈悩〉も、ねたむ〈嫉〉も、そして、いのちへの思いやりがなく他を悩ませる〈害〉もみな、それぞれ〈瞋〉の具体的なはたらきであることがわかります。というか、〈忿〉〈恨〉〈悩〉〈嫉〉〈害〉のこうしたはたらきを通して、わが瞋恚の具体相もいささか納得されます。

次に、〈覆〉は隠し立てです。この心所は、ものおしみする〈慳〉、たぶらかす〈誑〉、へつらう〈諂〉、うぬぼれる〈憍〉とともに根本煩悩の〈貪〉にかかわる心所で、それぞ

れが、〈貪〉の一つの具体的な作用を示しています。なお、根本煩悩の大本の〈癡〉にかかわるものとして、〈覆〉と〈誑〉と〈諂〉とがあると考察されていますので、小随惑とは要するに三毒煩悩であることがわかります。

このなか、隠し立ての〈覆〉は、露見すれば困る自分の過失や悪行をひた隠しにすることですが、そこには、自分の地位を失いたくないとか、名を汚したくないという思いがからんでいます。それは明らかに執着で、〈貪〉にかかわる心所であることがわかります。一方、たとえば「真実を語るところに恐れはない」といいますが、裏返せば、不実を語ったり過失を包み隠すことは、人を苦しめるのです。ひた隠しにしている過失がいつバレるか、すでに心配なことですし、覆い隠しても、本当のことはいつかは明らかになる――。それを知らないというのは〈癡〉の領域でしょう。このように、〈覆〉という心のはたらきが、〈癡〉と〈貪〉にかかわるものであることがわかります。

また、ものおしみする〈慳〉ですが、ものおしみするのはなにも物品にかぎらず、知識や生活の知恵、あるいは、耳寄りな情報というのもあるでしょう。これについて、仏教の創唱者・釈尊が弟子の阿難陀に、――わたくしは内外の隔てなしに（ことごとく）理法を説いた。完《まった》き人の教えには、何ものかを隠すような教師の握拳《にぎりこぶし》は、存在しない。と、述べられたことが想起されます（『ブッダ最後の旅』中村元訳）。この、ものおしみせず手の内はすべてみせた、というところに仏教の一つの良さを感じますが、私たちにはどうも、ものおしみするきらいがあるようです。この「握拳は存在しない」というのも仏教の徳性であれば、私たちもそれを信楽《しんぎょう》し、深く学んでいきたいと思います。

中随惑の〈無慚〉と〈無愧〉は、もとより《善》の〈慚〉と〈愧〉の対極にある心所です。前者は自らを顧みず、また、教えに照らして恥じないこと、後者は他に対して恥じないことです。中随惑は、不善心のすべてにわたって相応する心所ですので、恥じない気持ちの罪深さは推し量って余りある、というべきでしょうか。

大随惑に分類される八つの心所は、すでにみたように不善心だけでなく、染汚の有覆無記にもみられるといわれます。それだけ活動の幅が広いわけですが、有覆無記の心王といえば第七末那識です。これについては、本書第一章・第二能変「四つの煩悩」のところでもふれておきましたので、見返してみてください。

〈掉挙〉は気持ちが騒がしく浮き立ち、一方、〈惛沈〉は気持ちが深く沈みます。どちらの心もおそろしく不安定であり、そうした状況では冷静な判断も、精神の集中もままなりません。別に他者を傷つけるわけでもないのですが、こういう状況では、仏の世界を志すことさえできません。

〈不信〉は、真理を顧みないことです。〈信〉というきわめて重要な心のはたらきを穢《けが》し、妨げるはたらきです。『成唯識論』はこれを、――実と徳と能とのうえに忍し楽し欲する心を穢すをもって性となし、よく浄信を障え、惰が依たる《だえ》をもって業となす。と考察しています。「惰が依たる」とは、なまける〈懈怠〉のよりどころだという意味です。このなまけるのは、もとより断悪修善をなまけることです。そこで、良遍は「不信の人は多く懈怠で、懈怠の人は不信だ」と述べています（『法相二巻抄』、取意）。けだし、名言です。

〈放逸〉は、欲望のままにふるまうことで、善心所の〈不放逸〉のはたらきに障害になります。また、〈失念〉は記憶を失うことで、明記不忘の〈念〉を妨げ、「散乱が依たる」はたらきをします。〈失念〉が、集中を欠いて乱れる〈散乱〉につながっているわけです。なお、〈散乱〉は〈心乱〉ともいいます。

そして、〈不正知〉は、誤って理解することです。〈癡（無明）〉とちょっと似ていますが、存在するすべてのもの・ことがら（事）を貫く理に暗いのが〈無明〉で、〈不正知〉は誤解して知るのです。誤った理解に基づけば、行為も当然、まちがったものになります。以上が《随煩悩》のあらましです。

最後は《不定《ふじょう》》の四心所です。『三十頌』の第一四頌3・4に、「不定というは謂わく悔・眠と／尋・伺とぞ。二に各二つあり」とあるのが、それです。「二に各二つあり」というのは、〈悔〉〈眠〉と〈尋〉〈伺〉の二つで、それにそれぞれ「染と不染（浄）」の場合があり、それによって性質が変わる――。それで、《不定》と呼ばれます。しかし、それはそれとして、見方を変えれば、これら四心所は、《遍行》《別境》《善》《煩悩》《随煩悩》の五位にいずれにも分類できないので、いわば「その他」の分類項目ともいえます。〈悔〉は後悔、くやむ心。〈眠〉はねむたくなり、身心の自在を失う状況です。また、〈尋〉は認識の対象をおおざっぱに思いはかる、〈伺〉は認識の対象を詳細に思いはかるという相異があります。問題は、それがどういうバックグラウンドで展開するのかということで、それが「染か浄か」という観点です。

ふつう、染は有覆無記で、（第七末那識のように）善でも不善でもない無記であるが、仏道を障《さえぎ》り心を不浄にするもの。一方、浄は無覆無記で、（第八阿頼耶識のように）善でも不善でもなく、かつ、汚れもない。という理解です。しかし、いまの場合、浄はほぼ善、染はほぼ不善（煩悩）と解釈してよいと思われますが、場合によっては当然、善でも不善でもない無記の場合もある――。ゆえに、その性質は一定でないわけです。

心所も種子

すべては、第八阿頼耶識から生ずる――。そういう阿頼耶識縁起（頼耶縁起）を立場とする唯識仏教からすれば、もとより、心所も例外ではありません。つまり、阿頼耶識に種《しゅう》子《じ》として眠っている心所が現行《げんぎょう》するところに、私たちの人生が具体的に展開されていく、と考えるのです。すでに種子とは行動情報だといいましたが、そうした過去の行動情報の一切を劣化させずプールしているのが、一切種子識ともいわれる第八阿頼耶識でした。その一切種子には、先天的な本有《ほんぬ》種子と後天的な新熏《しんくん》種子があるのですが、いずれにせよ、そういうおびただしい数の種子を同一項目に集約・帰納していけば、六位五十一心所になるということでしょう。

問題は、どの心所を現行させ、どの心所を阿頼耶識中に留《とど》めておくのかということです。いうまでもなく、仏の世界に順ずる《善》と、善の方向での《別境》の現行・躍動が望まれ、一方、仏の世界に違反する《煩悩》《随煩悩》の心所を現行させず留めおくことが求められています。実は、煩悩の異称として「惑」の他に、「随眠《ずいみん》」というのがあります。仏道の障害となる《煩悩・随煩悩》の心所は、これを意識下の第八阿頼耶の中で眠りに随《したが》わせておこうではないか——。そうした要請を、この用語はいみじくも言い得ています。

端的にいえば、私たちの当面の仕事は、この文字通りの意味での随眠の実行でしょう。そのためにも、《善》と《別境》の心所を意識下から表面心に浮び上がらせ、これを躍動させる。そして、そのことによって、不善心の現行を制すことに尽きます。唯識仏教は頼耶縁起に立ち、第八阿頼耶を本識と考えるのですが、そうだとはいえ、ここに自覚的な第六意識の重要性が際立ってきます。このままではいけないと反省し、生活態度を改めようと試みるのも、そして、実を信忍し、徳を信楽し、能を信欲するのも、すべて第六意識の自覚にかかわることだからです。

よく煩悩を断ずるなぞというのですが、もとより簡単なことではなく、それには大よそ、伏《ふく》・断《だん》・捨《しゃ》の三段階があると考えられています。菩薩の修行階位については、後章で取り上げることになりますが、十住・十行・十回向・十地・仏果の四十一位のなか、十住・十行・十回向の三つのレベルを（まだ凡夫なのですが）「三賢」といい、「惑を伏する位」だといわれます。煩悩が表面心に現行・躍動するのをなんとか押さえこむという段階です。やがて三賢から十地に至り、初地に入って十地までを「十聖」といい、ここが「惑を断ずる位」で、ようやく凡位を離れることになります。そして、こうした煩悩の伏・断を経て等覚に至り、惑は「無功用《むくゆう》」に捨すことができるのだと考えられています。「無功用」は前に出ましたように、それと意図し努力なしにおのずから、ということです。たとえば、初期経典の『スッタニパータ』に、「芥子粒《けしつぶ》が錐《きり》の尖端《せんたん》から落ちたように、愛著《あいじゃく》と憎悪《ぞうお》と高ぶりと隠し立てとが脱落した人、――かれをわたくしはバラモンと呼ぶ」（六三一、中村元訳）という一文がありますが、この、芥子粒が錐の尖端から（おのずから）落ちるのが、

「無功用」です。それはともかく、煩悩を無功用に捨すまで、まさに長大な道のりですが、当面は、《善》の心所の現行と躍動による不善心の随眠化――、というのが私たちの課題です。

なお、すでに学んだように、〈無貪〉〈無瞋〉〈無癡〉を「三善根」といい、これら三つの心のはたらきが、私たちを力強く向上させるものとして重要視されていますが、これに似たものとして別に、「五善根」という取り上げ方もあります。唯識の心所リストでいえば、《善》の〈信〉〈勤〉と、《別境》の〈念〉〈定〉〈慧〉との組み合わせで、仏教では古来、これらを「五根五力《ごこんごりき》」といって、そのはたらきに注目してきました。

実を信忍し、徳を信楽し、能を信欲して、仏の世界をしっかりと明記して忘れず、そして、その明記した仏の世界に専ら心を集中し、精進していけば、やがて〈慧〉が揺り動かされて、ものごとの本質がおのずから深く了解されていく――。私たちを大きく成長させるそういう力が、他でもないわが心の奥底に潜んでいるという洞察、見解です。

唯識仏教の心所論は、ともすれば単なる心作用の分析や説明とみられがちですが、このように、つねに仏の世界に照準を合せて考察されています。

第三章　すべては心の展開

一　あるのは唯識《ただこころ》だけ（明示）

〔一七〕

1 **是諸識転変**
2 **分別所分別**
3 **由此彼皆無**
4 **故一切唯識**

是《こ》の諸《もろもろ》の識ィィ転変して、
分別《ふんべつ》たり。所《しょ》分別たり。
此《こ》れに由《よ》りて彼は皆なし。
故に一切唯識のみなり。

（現代語訳）

〔一七〕これまで、三能変の八識心王とそれらに相応してはたらく五十一心所について述べてきました。まさに、それら心王と心所こそがさまざまに変化・展開して、私たち一人ひとりが経験する現実の世界をつくり出しています。その要点をいえば、八識のそれぞれが変化して、分別《ふんべつ》するものと分別されるものとの二つの領域に分かれ、それによって、いわゆる認識が成立するのです。

私たちはふつう、認識というのは主観と客観とによって成立するものと思っています。つまり、外界に実在する客体を、わが主観が知るわけです。それがたとえ、自分自身を知る場合であっても、自己をいったん外に投げ出して対象化して知るのですから、事情は同じです。

しかし、現実は、実はそうではないのです。わかり易く、いわゆる心に相当する第三能変の意識を例にとれば、その意識の識自体が変化して、分別する側と分別される側という二つの領域に分かれる——。いってみれば、そこが認識の現場です。しかしというか、だからというか、その現場で起っていることは、実体としてあるものではありません。でも、そういう心の転変、変化は否定できないでしょう。つまり、あるのは唯識《ただこころ》だけ、すべてはわが心の展開なのです。

前章までに三能変・八識心王そして五十一心所という、いわゆる心心所《しんしんじょ》の解説がほぼ終りました。そこで『三十頌』第一七頌は、第一頌でともかくも示された「すべては唯識」ということを、端的に「分別と所分別」の観点から再説し、ここに唯識ということを改めて強く押し出しています。

第一七頌は、第一頌3「彼は識の所変に依《よ》る」にかかわるもので、「彼」とは第一頌2の「種種の相、転ずることあり」をうけています。つまり、私たち一人一人が経験する日常の世界は、実にさまざまなスガタを展開している——。そして、その種種の相・さまざまなスガタは「識の所変」、第一七頌でいえば「諸識の転変」の産物だというわけです。

第一七頌1・2の「是の諸の識ィィ転変して、／分別たり。所分別たり」とは、八識心王とそれに相応・付随してはたらく心所それ自体が転変して（変化・展開して）、分別するものと分別されるものという二つの領域に分かれることです。そして、そのことによって、いわゆる認識が成立するというのです。なお、前にもありましたが、ここでも「イイ」という主語を強調する古来の読み癖が付いています。——他でもないこれらの諸識こそが転変して、（分別するものと分別されるものに分かれ、それによって）認識が成立するんだ、ということでしょう。

ところで、その「分別するもの」と「分別されるもの」ですが、このようにいわれると何か事新しく聞えるかもしれませんが、要するに、「見るもの」と「見られるもの」。前出の用語でいえば、「見分（見る領域）」と「相分（見られる領域）」のことです。

このことについてはすでに、『成唯識論』の、「変とは謂《い》わく、識体（自体分）転じて二分（見分と相分）に似《の》る。…その二分に依って我・法を施設す」（カッコ内、引用者）という有名な一文、あるいは、その二分をさらに細説した四分《しぶん》説（見分・相分・自証分―自体分・証自証分）について一通り学びましたので、ちなみに、本書序章「すべては唯識（提示）」や、第一章「初能変　第八阿頼耶識」のその部分を見返してみてください。

　いま、簡略化して第六意識だけを例にとれば、その第六意識自体が、見る領域の見分と見られる領域の相分に分かれる――。そして、そうした識の中の変化・展開によって、いわゆる認識というものが成立するのだと唯識では考えるのです。見分を「能縁（認識するもの）」、相分を「所縁（認識されるもの）」と言い換えてもいいのですが、その能縁の見分と所縁の相分のことを、第一七頌2は「分別たり。所分別たり」と述べているわけです。

　しかし、いずれにせよ、それらは「識体転じて二分に似る」のですから、分別するものも分別されるものも要するに、識のはたらきです。私たちの常識では、わが主観が外界にある客体をとらえて、それはかくかくしかじかのものだと知る――。つまり、そういう主客二元にもとづく認識を考えるのですが、唯識ではそうではなく、心の中に浮んだものを心が見ている。私たちの認識というのは、そういうものなのだと考えています。

　このように、たとえ外界に認識の対象を立てずとも、こうした識転変による見・相二分の構図によって、認識は成立します。したがって、その認識はなんら実体的なものでなく、ただ識のはたらきがあるだけであり、すべては心の展開、という他はないのです。

すでにみてきたように、日常の世界はすべて刹那滅《せつなめつ》で仮有《けう》のものですが、私たちはそれを、どうしても不変で実体的なものとして捉《とら》えがちです。それが私たちの偽らざる姿とはいえ、そんなもの（彼）は、どこを探してもありません。それが、第一七頌3の「此れに由りて彼は皆なし」です。そして、それをうけて、第一七頌4は「故に一切は唯識のみなり」と断定、ここに唯識ということを大きく提唱しています。

なお、識転変によって生じた相分（心内の認識対象）ですが、「影像相分《ようぞう》」ともいわれます（単に、影像とも）。これに関連して、『成唯識論』に「内識転じて外境《げきょう》に似る」の一文があります。すでに一瞥《いちべつ》した説ですが、これによれば、私たちは、外界に似た影のような像を心に浮べ、それをまさに直接の認識の対象にしているわけです。そういう実体がじっさいに目の前に展開しているわけでもないのですから、私たちの認識というのは、いわゆる「あるがままにものをみる」とか「客観的な認識」から、はなはだ遠いという他ありません。

この点、鎌倉時代の唯識の巨匠・貞慶《じょうけい》（一一五五～一二一三）は、その著『愚迷発心集《ぐめいほっしんしゅう》』で、

――諸法は皆、心の変作《へんさ》なりと説けども、あたかも影に向って憤喜をなすがごとし。

と、端的に述べています。

ふだん、認識されるあらゆるものは心が変化・展開した産物、つまり、心がつくり出したものなのだ、と人さまに説いている。しかし、よくよくわが身を顧《かえり》みれば、わが心がつくり出した影に向って不都合ならば憤慨し、好都合ならば嬉々《きき》としているではないか、というのです。この貞慶の真摯《しんし》な告白はいみじくも、私たちの偽らざる姿をもあぶり出しています。

そういえば、「多くの人は、見たいと欲する現実しか見ていない」というカエサルの有名な言葉の「現実」も、また、「越すに越せない心の垣根」というのも、まさに心内の影像でしょう。そんなものがじっさいにあるわけでもないのに、私たちはそれに縛られて、自由というものをものの見事に失っています。こうしたとき、識転変による見分と影像相分という構図――、それを明確に意識することが、このような無縄自縛を解きほぐしていくまさに事始めではないかと思います。

二　すべては心の展開（疑問に答える①）

〔一八〕

1　由一切種識
2　如是如是変
3　以展転力故
4　彼彼分別生

一切種識の、
是《かく》の如く是の如く変ずるに由《よ》り、
展転《ちんでん》する力を以ての故に、
彼彼《ひひ》の分別生ず。

（現代語訳）

〔一八〕――あるのは唯識《ただこころ》だけだ。という主張には、いくつかの疑義がもたれています。そのなか、やはり一番の疑問は、外界に実在する認識対象がないのに、どうして分別、つまり、認識が成り立つのかという問題です。これについては、次のように答えたいと思います。

あらゆることの一つ一つは、大本《おおもと》の阿頼耶識にプールされているそれにかかわる過去の行動情報（種子《しゅうじ》）がいろいろ複雑に展開することによって生起します。

つまり、根本識の阿頼耶識とそこから転変した意識下の末那識や表面領域の六識、また、それらに付随してはたらく五十一の心所――。そのそれぞれが変現して、分別するものと分別されるものになるのですが、それらが相互にかかわり合うこと（展転力《ちんでんりき》）によって、日常を構成するさまざまな分別が生ずるのです。残念ながら、私たちのそういう分別はみな虚妄《こもう》なものですけれど。

およそ、ものごとを認識する心が生起するのに、認識の対象がなければなりませんが、ふつう私たちの常識では、その認識対象とは心の外にあるものでしょう。この点、唯識仏教は前段でみたように、「一切唯識」と述べて完全否定です。むろん、能縁の見分が心のはたらきであることに異論はないですが、もう一方の「所縁の相分なるもの」が果たしてほんとうに心のはたらきなのかどうか――。

たしかに、音楽を聴いて浮んできたイメージに思いをめぐらすというのは、なるほど見分と影像相分の構図かもしれない。しかし、山や海などの自然は、どうみても外界に実在しているものです。その山を見、海を見、そして、森を見るとき、それが眼識や第六意識の識転変による「相分」といえるのか。その場合はやはり、わが主観が自然という客体を対象にしているのではないか――。疑問は大いに残るというわけです。そして、もし心外の対象なぞないということになると、一体、分別（認識）はどういうものによって成り立つのか。第一八頌は、そうした疑問に答える一段です。

まず、第一八頌1・2の「一切種識の、／是の如く是の如く変ずるに由り」ですが、一切種識とは、根本識の第八阿頼耶識中に保存されている種子のことです。

すでに学んだように、この種子こそがあらゆることがらの大本、と考えるのが唯識仏教の立場で、その種子が「種子生現行」で、現実の具体的なことがらに変現することにより、私たち一人ひとりのいわゆる日常世界が立ち現われていきます。そういう種子の現行化が基本となって分別をうながすのですが、もとより、そうした転変が複合的に重ねられます。

なにしろ大本の第八阿頼耶識とそこから変現した第七末那識・第六意識・前五識――。そうした八識それぞれと、それらに相応してはたらく心所のかずかず。その一つ一つにある見分・相分……。そういったものが相互に複雑にかかわり合うわけです。「展転力」とはその意味で、そうした展転の心的エネルギーによって、さまざまな分別が起ってくる。それが、第一八頌3・4「展転力を以ての故に、／彼彼の分別生ず」です。

なお、そのさまざまな分別ですが、端的にいって「虚妄《こもう》なる分別」です。自己執着の第七末那識に引きずられる第六意識の知・情・意、また、そんな第六意識といっしょになってはたらく前五識ならば、私たちの分別（認識）は、どうみても真っ当なものとはいいがたいという他ありません。まさに「あたかも影に向って憤喜をなすがごと」きものでしょう。

このように、唯識仏教ではいわゆる「心外《しんげ》の法《ほう》（もの、ことがら）」を認めず、すべてを心のはたらきとみる立場ですが、――しかし、自然はどうみても心外に展開しているではないか、という疑問はなかなか解けません。この点、大本の第八阿頼耶識が執持《しっじ》するものとして、種子と有根身《うこんじん》と器界《きかい》の三つであったことを思い出していただきたいと思います。

私たちは有根身（肉体）をもって、この世に存在していますが、これについて、すべては第八阿頼耶識の変化・展開とみる立場から、つぎのように考えられています。すなわち、阿頼耶識自体が識転変して、見分と相分に分かれる。そして、その相分が種子・有根身・器界の三つで、それらを見分が認識し、執持しているというのです。なお、この場合の相分は、いわゆる相分（影像相分）とは違うという意味で「本質《ほんぜつ》相分」といい、唯識仏教では、この本質《ほんぜつ》にある種の実体性や実用性を認めています。

したがって、阿頼耶識の見分が相分の有根身を認識しなくなれば、その時点で肉体は死滅ということになり、その実体性も失われます。いわゆる私たちの死です。そして、それと同時に、その肉体を包みこみ、生存のよりどころとなっていた器界も必然的になくなる、と考えるのでしょう。ただし、過去の行動情報群の一切種子は劣化せず、次生にそのまま受け継がれますが、そのことは次の第一九頌で取り上げられます。

ところで、こうした唯識仏教の考え方をどう解釈するかということですが、阿頼耶識という深い心が、肉体の有根身や自然の器界を第一義的に管轄しているという意味は、きわめて大きいのではないかと思います。たとえば、自然をわが心の展開・わが心の問題とみず、これを対象化し、人間のその時その時の都合に則してコントロールしようと考えるかぎり、汚染の抑制なぞ、およそできないのではないか――。あるいはまた、自分の肉体だから自己決定権が及ぶと考えれば、肉体や臓器の売買に正当性の根拠を与えかねず、ひいては肉体の軽視、イヤ、人間性そのものの軽視にもつながっていく危うさをはらんでいるのではないでしょうか。

人間存在をある意味で基礎づけている肉体をめぐって、氷山の一角とさえいわれる浅い意識の知・情・意のはたらきに任せるのではなく、深い心に委《ゆだ》ねてこそ、改めて人間性への新しい視点が見い出せるのではないかと思いますが、どうでしょうか。

それはともかく、話をもどして、さきほどの第八阿頼耶識の本質《ほんぜつ》相分の器界のことです。さきにも述べたように、唯識仏教では、その本質相分に実体性を認めていますが、前五識や第六意識は阿頼耶識のそういう本質相分にもとづいて、それぞれの識内に影像相分を浮べる――。そして、前五識や第六意識は、その影像を直接の認識対象として、それはかくかくしかじかのものだと認知するわけです。

たとえば、奥深い森に足を踏み入れたとします。この場合、森林などは第八阿頼耶識が執持《しッじ》する器界《きかい》にふくまれますから、まず阿頼耶識自体の転変によって現われた外的な森があり、それを本質として（根拠として）、前五識や第六意識がその識内にそれぞれの影像を浮べることによって、認識が具体化されます。当然、眼《げん》識や耳《に》識あるいは身《しん》識の前五識が活発にはたらき、そして、いわばそれらの情報の下、第六意識がさまざまな思いをめぐらせるでしょう。たとえば、はじめのうちは素適な森林浴だとかなんとか思って、気分よく歩いていますが、そのうち不意に、このままずんずん奥へ入っていけば、迷うかもしれない――。と、思ったとたん、いままでの心地よい森のイメージは一転、不気味で怖いものになります。深い心の第八阿頼耶識によって現わされ、同時に、大きく受けとめられた森はさきほどからただそこにあるだけですが、第六意識が浮べた影像の変化によって、このように認識内容が相異してきます。これは要するに、第六意識の認識内容に見合うだけのものなぞどこにもない、ということでしょう。まさに「彼彼の分別」、さまざまな虚妄分別です。

〔一九〕
1 由諸業習気
2 二取習気俱
3 前異熟既尽
4 復生余異熟

諸の業《ごう》の習気《じっけ》と、
二《に》取《しゅ》の習気と俱《とも》なるに由りて、
前の異熟既に尽きぬれば、
復《また》、余の異熟を生ず。

（現代語訳）

〔一九〕また、こんな疑問があります。私たちというのは、外界に実在するものを対象にして、それが好都合なものであれば貪《むさぼ》り、不都合なものは排除しようとする。そして、とにもかくにも都合よく・機嫌よく暮らしたい。——というわけで、私たちにあっては、そういう外界の実在に対する強烈な執着（煩悩、惑）にもとづいて、さまざまな行為（業《ごう》）を起し、その結果、来世にほぼ苦の報いを受けるという。これを「惑業苦《わくごっく》」といい生死輪廻《しょうじりんね》の次第を示しているが、すべては唯識だと述べ外界の実在を否定して、そもそも執着がどうして生じるのか。はたまた、執着にもとづく生前行為のかずかず、そして、その果報――。つまりは、生死の相続はどうなるのか、という疑問です。これについては、次のように答えたいと思います。

私たちは、さまざまな行為・行動を重ねて一日一日を暮らしていますが、そういう善や不善の行動情報は、すでに「過去から未来へとトギレることなく連続する」と指摘しておいた阿頼耶識に送りこまれ、プールされます。生死輪廻を考える場合、やはり、そうしたもろもろの行動情報と、それらが集積される阿頼耶識に注目すべきではないでしょうか。

それともう一つは、私たちがものごとを理解する時、ほとんどの場合、ことば(名言《みょうごん》)を用いて主観と客観という二元対立の世界を仕立てあげ、その上で、目の前に繰り広げられることがらを理解しています。イヤ、理解した気になっているだけで、じっさいには、そのことばに正確に見合うものなどなく、いわばそういうことばが独り歩きしている状況です。端的にいって、それはもう虚妄の世界そのものですが、善や不善の行動情報には、そういうことばによる情報という側面もあります。

もとより、それらは二つで一つですが、便宜的に分けて、前者を「諸業の習《じっ》気《け》」(業種子)、後者を「二取(能取・所取)の習気」(名言種子)といいます。そして、それらが相互にかかわり合う中に、今生《こんじょう》に現われた阿頼耶識が尽きても、次生の阿頼耶識が生じます。そして、阿頼耶識の中身というべき過去の行動情報群が引き継がれて、いわゆる生死相続が行なわれます。なお、今生に現われた阿頼耶識が一定期間を経て滅び、そして、次生に現われる阿頼耶識は、どちらも前の生存の果報としてのものです。そこで、その場合の阿頼耶識を、果報の意味をもつ「異熟」の語で示すのです。

外界の実在という常識を否定する唯識に対して、疑問はおさまりません。この第一九頌の問題もやはり、外界の否定に端を発しているようです。すでに明示されたように唯識では、心外の法を立てずとも、というより、阿頼耶識の一切種子が複雑・微妙にかかわり合うことによってこそ、私たち一人一人の世界が成立している、と考えます。

そして、そういう一切唯識ということによって、すべてを説明し尽すことができるのだというわけですが、たとえば、識の転変による見・相二分化で、いわゆる認識も成立します。それが第六意識ならば、その第六意識の識内に浮べられた影像相分を直接の対象にして、分別が行なわれるわけです。そして、その分別の中身はいうまでもなく、第六意識に相応・付随する五十一の心所ということになります。もとより、じっさいには、それら五十一の心所がさまざまに組み合わされてはたらくのでしょうが、いずれにせよ、このことで、「惑業苦《わくごつく》」の惑と業については、すべてを心の要素に還元する立場としては解決済みになります。そこで残るのは、「惑業苦」の苦という果報の問題です。

もちろん、この世というか、今生での行為は善・不善・無記の三性にまたがるでしょうから、来るべき次生に、苦の果報を受けるとはかぎりません。私たちの場合、自己中心性の第七末那識の通奏低音・無声のささやきは否定しがたいところですが、それでも、仏の教えをできるだけ多聞熏習し、いささかでも濁りの少ない人生を試みることは可能です。そうした人生が深まれば、楽の果報だってあるわけですが、いずれにせよ、こうした苦や楽の果報を受け、生死を相続する主体は何か——。その疑問に答えたのが、この第一九頌です。

生死の相続については、仏教も古代インドで一般的だった輪廻思想を受け継いでいます。仏教の場合、自我をはじめさまざまなものに対する執着をきれいさっぱり捨てないかぎり、生死はくりかえされ、おおむね苦の世界を輪廻転生するという考えです。地獄・餓鬼・畜生・修羅・人《にん》・天の、いわゆる六道輪廻がそれです。日本では、この六道（六趣《しゅ》）が一般的ですが、元来は地獄・餓鬼・畜生・人・天の五道（五趣）で、これのほうが仏教としては基本形です。つまり、他と争う修羅の要素は地獄にも、ないし天にもあるので、修羅の項目を別立てしないのですが、それはともかく、生前行為の果報として次生に趣《おもむ》く先が、このように想定されているわけです。

このなか、地獄・餓鬼・畜生が三悪道《さくなくどう》（三悪趣）、それに対して、人・天は善趣という仕分けになっています。おそらく、仏教を学ぶ環境を劣悪なものから順次あげたものでしょうが、いずれにせよ、これらは欲界という欲望にさいなまれる世界の生存形態です。したがって、たとい比較的良好な天に生まれたとしても、寿命が尽きれば輪廻転生は免れません。もちろん、欲界・色《しき》界・無色《むしき》界の三界ですから、より清らかで勝れた色・無色の上界に趣く道も閉ざされてはいません。

その輪廻転生、生死の相続ですが、寿命とともに肉体も精神も滅びますから、いったい何が輪廻転生するのか、ということが問題です。この点、古代インドの伝統は霊魂（我《が》、アートマン）不滅でしたから、そのアートマンが主体となって転生するのだと考えられていました。しかし、仏教は、私たちの中に何かそうした不変で実体的なものがあるわけでなく、さまざまな要素の一時的な和合によって、たとえば人間として存在している。――

と、アートマンを否定し無我説を提唱しました。もとより、それは正しいのですが、ただ輪廻転生・生死相続の主体は何かということになると、無我説の仏教は長い間、説得力に富む説を見い出せずにいました。

この点、唯識説の阿頼耶識はまず、過去のすべての行動情報を「種子生種子」の心的メカニズムで劣化させず保持して、私たちを根底から支えるのですが、そうでありながらも、なんら不変・実体でない。というより、「種子生現行、現行熏種子、三法展転、因果同時」によって、時々刻々、むしろ変化のさなかにあるものです。つまり、こうした阿頼耶識こそ、まさに生死相続の主体ではないかというわけです。

このように、阿頼耶識＝生死輪廻の主体という唯識説は、あらゆるものは空《くう》・刹那《せつな》滅《めつ》であり、アートマンのような常一にして主宰なるものなぞ存在しないという仏教の基本に差し障ることなく、生死輪廻の主体をみごとに解明したものということができます。第一九頌3・4は、このことを「前の異熟既に尽きぬれば、／復、余の異熟を生ず」と述べています。この異熟はいうまでもなく阿頼耶識のことですが、この場合の阿頼耶識は、前の生存の果報として現われたものですので、そのことを異熟の語によって示しています（異熟の原語ヴィパーカは「果報」の意味）。

たとえば、いま六十五歳の私を根底から支えている私の阿頼耶識は、六十五年前、その種子から現行したものです。それは人間の、かつ、今生の私なりの阿頼耶識、つまりは、前の生存の果報として現われたものです。この阿頼耶識は私の一生涯かぎりのもので、それは寿命とともに滅びてしまいます。しかし、この阿頼耶識には私の前世はおろか、悠久の過去にさかのぼるすべての種子が執持されています。つまり、そういう過去の行動情報の一切を背負って、私はこんにちただいまを生きている——。これをもう少し唯識的に補足すれば、現行した私の阿頼耶識自体が転変して、見分と相分という二つの領域に分かれます。そして、見分が相分（種子・有根身・器界の三つです）を認識して、私というものが具体化する根拠を示します。そして、それらを本《もと》にして阿頼耶識から転変した第七末那識・第六意識・前五識のそれぞれが、それなりに活発にはたらきます。その結果、自然の中の一定空間で人間の肉体をもつ私の、自覚的で具体的な世界が現われてくるわけです。

その私の阿頼耶識に執持される一切種子ですが、さまざまな条件が整えば、種子生現行です。そして現行すれば、その行動情報が阿頼耶識に送りこまれて、今生の私の内容がしだいに集積されていきます。尾崎放哉《おざきほうさい》の俳句に、「なぎさふりかへる我が足跡も無く」というのがあります。そうした感慨はともかく、いままで歩いてきた履歴自体が消えることはありません。私たちは、都合の悪い過去は無かったことにしたいですし、できれば消してしまいたい、とつい思ってしまいますが、いったん深層の阿頼耶識に種子として熏習されたならば、それまでです。自分自身の行動情報とはいえ、そうして意識下に収録されたものはこれを操作することはできない、という意味はきわめて重大です。

ところで、こうして人間一生涯に積み上げる業は一体、どのくらいになるのでしょうか。善・不善や感情的な悲喜、してやったり、というのもあるでしょうし、なんてつまらないことをしてしまったのか、というそれこそ消してしまいたい行為も少なくないでしょう。いずれにせよ、じつにおびただしい数になるはずです。そうした今生の業によって、その果報としての次生の生存形態も決まるのですが、それがどうも、善と不善の合計差額という単純な話ではないようです。これについては、「一業、一生を引く」といわれます。その一業が何であるか、私たちにはわからないのですが、なにかきわめてインパクトのある唯《ただ》一つの業が、次生の生存形態を決定するのだというのです。

こうしたことは、私たちにとって容易に理解し難いのですが、『今昔物語集』に次のような説話が収録されています。主人公の源大夫《げんだいふ》は、「心極《きわめ》て猛《たけ》くして、殺生を以業《もってわざと》す。日夜朝暮に、山野《せんや》に行て鹿・鳥を狩り、……亦《また》、人の頸《くび》を切り、足手を不折《おら》ぬ日は少くぞ有ける」というすごい乱暴者。まさに悪の権化のような人ですが、ふと耳にした法師の話に出てくる阿弥陀仏のことが気になり、たちまち、「我れは此《ここ》より西に向《むかい》て、阿弥陀仏を呼び奉《たてまつり》て、金を叩《たたき》て、答へ給《たま》はむ所まで行かむとす。答へ不給《たまわ》ざらむ限《かぎり》は、野山にまれ

（野山だろうが）、海河《うみかわ》にまれ、更に不返《かえる》まじ。……」と阿弥陀仏を求めて、わき目もふらず一直線に歩き出した。やがて、西に海を望むとある一本の樹の枝で息絶えた源大夫が発見されたのですが、「見れば、口より微妙《めでた》く鮮《あざやか》なる蓮花《れんげ》一葉生《いちようおい》たり。……」という結末です。

説話のつねで、「実《まこと》の心を発《おこ》せば此《か》く貴《とうと》き事も有る也けりとなむ語り伝へたるとや」で終っていますが、善業と不善業の合計差額で果報が決まるのであれば、源大夫の来世は、ほとんど地獄行きでしょう。しかし、おびただしい不善業はそれはそれとして、わき目もふらず仏を求めて息絶えたことが、この場合、源大夫のしかるべき来世を決定した実にインパクトのある一業だったということでしょう。いずれにせよ、寿命がきて今生の「異熟既に尽き」たならば、その果報としての「余の異熟」が生じる――。このように、阿頼耶識が主体となって生死の相続が行なわれるというのが、唯識仏教の考え方です。

そうした生死相続について、第一九頌1・2は、「諸の業の習気《じっけ》と、／二取の習気と倶なるに由りて」と述べています。習気とは、阿頼耶識に熏習された気分ということで、種子と同じ意味です。阿頼耶識に熏習された習気には、現行を生ずる力というかはたらきがあり、その面からみれば種子ということになるのでしょうが、それはともかく、この頌に語られる「諸の業の習気」は業種子《ごっしゅうじ》、「二取の習気」は名言種子《みょうごんしゅうじ》のことです。「二取」とは能取と所取で、認識するものと認識されるもの。前出の用語でいえば、分別と所分別、あるいは、能縁（の見分）と所縁（の相分）ということになります。

このように、種子には業種子と名言種子があるのですが、これは別の二つの種子があるわけではなく、いわば二つで一つです。まず、私たちの行為ですが、それには、ことばがどういう形か・どういう程度かは別としても、必ず介在しています。わかりやすく、身《しん》業・口《く》業・意業の三業という行為の分類でいえば、口業や意業（心のなかであれこれ思うこと）は、ことばがないとまったく成り立ちません。他方、身体的な動作の身業も、いきなり動作があり、動作の記憶だけが残るというものではありません。他者を殺《あや》めるというような場合でも、まず相手に対する憎悪があり、それが積もり積もって、――あんなヤツ、生かしておくものか、という強い意思になり、そういうことばが具体的な殺傷行為に導くわけです。このように、私たちの行為にはことばの関与があり、したがって、その種子もまた、そうしたことばと重大にかかわっていると考えられています。そのようなところから、種子はすべて名言種子だというわけです。

ただ、こうした（名言）種子も当然ながら、善や不善という業の性質を抱えており、以後に与えるインパクトという点では、そうした側面は無視できません。とくに、今生の果報として次生の阿頼耶識が現行する生死相続の場合、唯一つの業で決定するというのですから、そこに強力な意思の業種子という側面が大きくクローズアップされるのです。

ここで思い出していただきたいのは、阿頼耶識は無記の性質だということです。それは、果報として現行する場合も同じです。そして、いうまでもなく無記のものは無記の種子から現行するのですが、無記の種子は善や不善とくらべてインパクトがなく、自分の力だけで現行することができません。そこで、善か不善かは別として、業種子の強い力が必要とされるのです。総じていえば、名言種子と業種子がさまざまにかかわり合う中に、今生から次生へと生死が相続されていくわけです。

第四章　世界の在り方

一　遍計所執の世界—私たちの日常世界—

〔二〇〕

1 由彼彼遍計　彼彼《ひひ》の遍計《へんげ》に由《よ》りて、
2 遍計種種物　種種の物を遍計す。
3 此遍計所執　此《こ》の遍計所執《しょしゅう》の
4 自性無所有　自性《じしょう》は所有《しょう》なし。

(現代語訳)

〔二〇〕ところで、私たちは一体、どのような世界に住んでいるのでしょうか。このことを改めて考えてみたいと思います。私たちはそこまで鉄面皮でもありませんから、さすがに完ぺきとはいえませんが、それでもまあ、それなりに真っ当な判断にもとづいて生活している。つまり、ほどほどに清く正しい世界に住んでいる。——と、臆面もなく思っているわけです。

しかし、すでにみてきたように、私たちの分別（認識）は、八識のそれぞれが変化・展開して、分別するものと分別されるものという二つの領域に分かれることによって成立するものでした。そうした唯識の知見にもとづくならば、私たちの認識というのはどうやら、なんらものごとの実像を捉《とら》えるのでも、また、あるものをあるがままにみているのでもなさそうだ、と気づかざるを得ません。

そこでまず、私たちの日常世界とはどういうものなのか、それを端的に示すことにしましょう。そしてつぎに、一般的にみて、世界というものはどのようにして成り立っているのかを確認し、最後に、私たちが真に求めるべき理想の、というか、あるがままの世界について考えてみたいと思います。

はじめに、私たち一人ひとりの日常世界ですが、その要点をいえば、その時々のさまざまな思い計らいをからませて成り立っています。しかもそればかりか、その目の前の状況が好都合ならば貪《むさぼ》り、不都合ならば毛嫌いするという執着の構図を重ねる念の入れようです。これを遍計所執《へんげしょしゅう》というのですが、そういう生活現場が、さも自分の認識している通りに展開している、とも思っています。が、そんな世界は自分の思い計らいや執着によって演出されたものにすぎず、実はどこにもないのです。

前章までに、すべてはわが心の展開だということを学んできました。すべてを心の要素に還元し、他ならぬわが心の問題として考えようとする唯識仏教の要諦《ようてい》は、いってみれば、私たちというのは、心によって知られたかぎりの世界に住んでいるということでしょう。唯識では認識について、分別と所分別、（能縁の）見分と（所縁の）相分、あるいは、能取と所取などといろいろに表示しますが、いずれにせよ、そのものが認識されているかどうか、知られているかどうか、それこそが問題なのです。

他者に知られていることがらも、私に知られていないのであれば、当の私にとって、それはいかなる意味ももちません。知らないものは文字通り、話にはなりません。端的にいえば、それは、あってもないのと同じです。たとえば『法華経』に「衣裏《えり》宝珠の喩《たと》え」というのがあります。――何某《なにがし》が遠く旅に出るので、友人宅へお別れに行ったのですが、出されたお酒にしこたま酔って眠りこんでしまいました。友人は餞別《せんべつ》に宝石でもあげようと用意していましたが、急に外出することになり、眠っている何某の衣の裏にそっと宝石を縫いつけて出かけました。さて、遠くへ旅立った何某、自分の衣裏にそんな高価な宝石が縫いつけられているとは露知らず、生活は困窮し、わずかな報酬にも満足するありさまだったという話です。

この場合、友人は仏、衣裏の宝珠は仏性《ぶっしょう》（仏に成る可能性）、あるいは成仏の教えです。後日、再会した友人が何某に、――一体なにをしているんですか。そこに宝石があるじゃないですか、と教えるのですが、自己の内にあるという仏性も、それに深く気づかなければ、磨くこともできないわけです。そこで、越後の良寛さんもずばり、「君見衣裡珠（君、衣裡《えり》の珠を見よ）」と述べておられるのですが、このように、たとえどんなに素晴らしいものであっても、私たちがそれに気づかず、知らなければ、ほとんど無いに等しいという他ありません。

こうしたことをつきつめていけば、私たち一人ひとりの独自の宇宙というか世界があるわけで、それを「人人《にんにん》唯識」といいます。もちろん共相《ぐうそう》といって他者と共通するものもいろいろあるのですが、基本的には、私たちは人それぞれ。きわめて独自の世界を結構し、そこを日常生活の場にしています。私たちのそうした世界の状況はどういうものか――、それについて述べたのが、『三十頌』の第二〇頌です。

1・2「彼彼の遍計に由りて、／種種の物を遍計す」の彼彼の遍計とは、さまざまな思い計らいのことです。この遍計についてはさまざまな考察がありますが、八識すべてではなく、潜在的な自己中心性の第七末那識と、つねにその影響下にある表面心の第六意識のはたらきと考えていいかと思います。わかりやすく、いわゆる心に相当する第六意識だけでいえば、第六意識の識体（自体分）が見分と相分とに分かれて認識が成立しますが、そのさい、私たちの好都合・不都合や好悪の感情、あるいは、問題意識の有無や濃淡など、その時々の知・情・意のさまざまな思いを加味して分別しています。それが遍計で、しかも、そうして分別されたものが、さも目の前にじっさいに展開しているように思って、執着するのです。当然、それが好ましいものならば、なるべく変わることなく有りつづけてほしい、と不変で実体的に捉えるでしょうし、気に入らぬものであれば毛嫌いして、早くなくなれ――、です。

こうした私たちの世界の状況を、唯識では遍計所執性《しょう》、遍計所執の性質を帯びた世界の在り方だといいます。そんなものどこにもないのですが、ただ、私たちはこの遍計所執性の世界を、実体的なものとして受け止めています。つまり、「実有《じつう》」だと思っているのですが、自分勝手な遍計が結構したものにすぎず、じっさいには無い――。そこで、遍計所執性は「都無《とむ》」だといわれます。都はすべての意味です。自分にかかわるこの現実世界は、自分が思っているように有る。――と、私たちが勝手に思っているだけで、その意味では実有というより、むしろ「妄有《もうう》」とこそいうべきでしょう。そんなもの、じつはどこにもないのですよ、と打ち砕くのが、３・４「此の遍計所執の／自性は所有なし」です。

二　依他起の世界と円成実の世界——事実と真実——

〔二一〕

1 依他起自性
2 分別縁所生
3 円成実於彼
4 常遠離前性

依他起《えたき》の自性《じしょう》は、
分別の縁に生ぜらる。
円成実《えんじょうじつ》は彼が於《うえ》に、
常に前のを遠離《おんり》せる性なり。

〔二二〕

1 故此与依他
2 非異非不異
3 如無常等性
4 非不見此彼

故に此《こ》れは依他と、
異《い》にも非ず不異《ふい》にも非ず。
無常等《とう》の性の如し。
此れを見ずして彼をみるものには非ず。

（現代語訳）

〔二一〕私たちの日常は、さきほどみたように、遍計所執の世界ですが、つぎに、一般的にみて世界というものはどのようにして成り立っているのかを確認しましょう。むろん、勝手な思い計らいや執着はいけませんが、そういう世界も、ある絶対条件の下、単独に在るわけではありません。やはり、さまざまな原因が一定条件の下、一時的に和合して成り立っています。つまり、元来は、縁起（さまざまな縁によって生起する）の性質のものです。唯識ではそれを、依他起《えたき》（他に依《よ》って起るもの）というのですが、どのような世界であれ、この依他起ということが在り方の基本です。

さて問題は、私たちが真に求めるべき世界です。唯識ではこれを、円満に完成された真実の世界という意味で、円成実《えんじょうじつ》といいますが、これも、依他起の性質がベースになります。ただし、その上によからぬ思い計らいや執着を一切加味しない、というよりむしろ、つねにそうした遍計所執の無縄自縛を隔絶した世界――。それが円成実の世界です。

〔二二〕したがって、円成実と依他起との関係は、異なっているのでもないし、異なっていないのでもない。――という、はなはだ微妙な関係です。つまり、円成実と依他起とは、別のものでも同じものでもないのです。

それはたとえば、無常という事実と真実のようなものでしょうか。すべては無常だという事実も、勝手な思い計らいや執着が加われば、たちまち事実無根の遍計所執に成り下がります。そうならないためには、それがまず、曲げようのない真理・真実だと深く心に刻むことではないでしょうか。すなわち、円成実という真実を見ないかぎり、依他起の事実もみえてはこないのです。

さきの第二〇頌で、私たちが一喜一憂している日常は遍計所執の世界だと端的に示した『三十頌』は、つづく第二一頌で、そもそも世界というかものごと・ことがらの成り立ちはどういうものなのか、ということを述べ、その上で、私たちが真に求めるべき世界について言いおよんでいます。それらは依他起の世界と円成実の世界なのですが、先取りしていえば、つぎの第二二頌では、その依他起性と円成実性の関係について、じつに興味深い見解を示しています。

私たちの日常世界もそうですが、すべてのことは、ある絶対条件の下、独自に生じてくるものではなく、したがってまた、不変で実体的なものでもありません。仏教の創唱者釈尊は当初から、そうした見解を示して、すべては因縁生起のもの、縁起の存在だと述べられました。つまり、すべてはさまざまな原因や要素が一時的に和合したもので、どこまでも「仮有《けう》」の存在です。もとより、唯識もその考えを踏襲しており、それを「依他起」という用語で表現しました（第二一頌1・2）。

それは、他（の衆縁……さまざまな縁）に依《よ》って生起するもの、という意味ですが、こうした依他起の性質、依他起性こそが、あらゆる在り方に共通するいわばベースだと考えられています。それは、円成実の世界を述べる第二一頌3・4が、「円成実は彼が於《うえ》に、／常に前のを遠離せる性なり」と述べていることからもわかります。この「彼が於に」の彼は、この場合、依他起を指しています。そして、「常に前のを遠離せる性」の前とは、前述の遍計所執のことです。つまり、円成実の世界は、依他起性から常に遍計所執性を遠くへ手放した性質のものだというのです。

こうした依他起性と円成実性の関係は、したがって、きわめて微妙です。そのことを、第二二頌1・2は「故に此れは依他と、／異にも非ず不異にも非ず」と述べています。「此れ」とは円成実を指しており、円成実と依他起とは、異なっているのでもないし、異なっていないのでもない――。つまり、別のものでも同じものでもない、というのです。これだけではちょっとわかりませんので、その例として、無常ということが取り上げられています。それが第二二頌3・4の、「無常等の性の如し。／此れを見ずして彼をみるものには非ず」です。

　思うに、無常ということは、事実と真実という二つの面をもっています。もとより、すべては移ろいゆくものです。――ゆく河の流れは絶えずして、しかも、もとの水にはあらず。よどみに浮ぶうたかたは、かつ消え、かつ結びて、久しくとどまりたる例《ためし》なし。とは、あまりにも有名な『方丈記』の冒頭文で、一読、誰もがうなずく場面です。また、唯識仏教を立場とした貞慶《じょうけい》の『愚迷発心集』にもたとえば、――春の朝《あした》に花を翫《もてあそ》ぶの人、夕《ゆうべ》には北芒《ほくぼう》の風に散り、秋の暮に月に伴いしの輩《ともがら》、暁には東岱《とうたい》の雲に隠る。などと記されています。この北芒や東岱は中国でよく知られた墳墓の地で、生の移ろいやすさ・はかなさをよく示した一文です。そして、目を外にやれば、飛花落葉です。こうした有為転変の事実に、私たちは絶えず接しています。

　しかし、だからといって、私たちがいつも事実を事実として捉《とら》えているかというと、とてもそうだとはいえません。というか、有体にいえば、それが好ましい状況なら、移ろうままに身をまかせるのではなく、むしろ一分一秒でも長くつづいたほうがよい、と思ってしまいます。それはもう、無常という事実の上に手前勝手な思い計らいを加え、かつ執着しているわけで、事実々々といいながら、そこでは、もはや事実そのものが見失われています。あるのはただ、自ら招いた事実無根の遍計所執の世界だけです。

そうではなく、すべては移ろいゆくという事実を注意深く観察し、それを大きく受けとめるところに、たしかな「諸行は無常」という真実あるいは真理が立ち現われてくるのですが、この点、第二二頌4が、「此れ（円成実性）を見ずして彼（依他起性）をみるものには非ず」と述べていて、注意を要します。つまり、曲解しようのないたしかな真実（円成実性）を見ないかぎり、事実の依他起の世界もみえてこない、というのです。あるいは、動かしようのない真実の円成実をつねに念頭に置いて、事実の依他起をみなければならない、ということでしょうか。いずれにせよ、その時はじめて、事実が事実そのままに正しく認識される——。つまり、それだけ私たちにあっては、事実とは絶えず遍計所執から脅かされるものだ、ということでしょう。この「円成実を見ずして依他起をみるものには非ず」の視点は、はなはだ重い意味をもっています。

このように、『三十頌』の第二〇～二二頌は、世界というかものごと・ことがらの在り方について、遍計所執性・依他起性・円成実性という三つの在り方を考察しています。言いそびれましたが、これを三性論といって、八識心王・五十一心所について述べる心心所《しんしんじょ》論とともに唯識説を構成する重要な項目になっています。なお、単に三性といえば、「善・不善・無記の三性」とまぎらわしいので、いまの三性を、三つの頭文字を取って「遍《へん》依《ね》円《えん》の三性」といい、単に三性という場合は古来、「サンジョウ」と濁ることになっています。

それはともかく、ここで、遍依円三性のそれぞれの特徴を簡単にまとめますと、依他起性は、すべてはさまざまな縁の一時的な和合ですから、「仮有《けう》」という在り方です。そうした依他起という仮有の在り方は事実なのですが、私たちはその上に、手前勝手な思い計らいを加え、かつ執着の対象にしています。そして、自分が認識しているようにものごとが実体として有る、つまり、「実有」と思って疑いません。しかし、そのようなものはどこにもありません。はっきりいって「都無」という他なく、遍計所執性の有るというのは実有というより、むしろ「妄有《もうう》」というべきものです。そして、円成実性は、真実という動かしがたい在り方です。その意味では「実有」といってもよいのですが、遍計所執性の実有とまぎらわしいですので、「真有《しんう》」とか「妙有《みょうう》」と表現されます。これらを表示すれば、つぎのようになります。

遍計所執性――妄有
依他起性――仮有
円成実性――真有

三　三つの在り方を空の視点から見る

〔二三〕

1 **即依此三性**　即《すなわ》ち此の三性に依って、

2 **立彼三無性**　彼《か》の三無性を立つ。

3 **故仏密意説**　故に仏《ほとけ》、密意をもって、

4 **一切法無性**　一切の法は性なしと説きたもう。

〔二四〕

1 **初即相無性**　初《はじめ》のには即ち相《そう》無性をいう。

2 **次無自然性**　次のには無《む》自《じ》然《ねん》の性をいう。

3 **後由遠離前**　後《のち》のには前《さき》の

4 **所執我法性**　所執の我《が》・法を遠離せるに由《よ》る性をいう。

〔二五〕

1 **此諸法勝義**　此れは諸法の勝義《しょうぎ》なり。

2 **亦即是真如**
3 **常如其性故**
4 **即唯識実性**

亦《また》は即ち是れ真如《しんにょ》なり。
常如《じょうにょ》にして其《そ》の性たるが故に、
即ち唯識の実性なり。

（現代語訳）

〔二三〕これら遍計所執性《しょう》・依他起性・円成実性という三つの世界の在り方（三《さん》性《じょう》）は、どちらかといえば、「有《う》」の視点からの考察でした。こうした三性をもとに、つぎに「空《くう》」の視点から、そのそれぞれに対応する三無性を示すことにしましょう。この三性と三無性は、二つで一つ。これをセットで受けとめてはじめて、世界の在り方を十全に明らかにすることができるのです。

というのも、私たちは、有ると聞けば、それがどのようなものであっても、実体的・固定的に理解しがちですし、さらには、それに自己の都合を投影し、執着してかかります。そこで、仏陀はかって般若経典の中で、――すべては空《くう》（無自《むじ》性《しょう》）なのだ、と説かれたのです。つまり、実体的で不変なものは何もない、と、否定的に述べて注意を喚起されたのです。ただ、そうした教説は、ともかくも私たちの執着を断ち切らせるという特別な意図をもった提言で、その意味では、必ずしも十分なものではありませんでした。
〔二四〕さて、三無性の最初のは相無性《そうむしょう》です。次のは無《む》自《じ》然《ねん》の性、これをふつう生《しょう》無性といいます。そして最後のは、執着の対象である自己と自己にかかわるすべてのことがらを遠くに手放し、隔絶したところに顕《あらわ》れる性質のものです。
〔二五〕そこでは、すべて（諸法《しょほう》）がそれそのもの、あるがままのスガタを顕《あらわ》します。それはなによりも勝れたことですから、まさに諸法の勝義《しょうぎ》というべきもの。これをふつう勝義無性といいます。いわゆる真如《しんにょ》（真理・真実）と同じ意味です。これは常如《じょうにょ》、常にそれそのものとしてあるもので、私たちの真に求めるべきものです。そして、それは唯識という知見を深く学修する中に顕れてきますので、ここに「唯識実性《じっしょう》」と表現したいと思います。

前節で、遍計所執性は妄有という在り方、依他起性は仮有という在り方、そして、円成実性は真有という在り方だと学びました。このことからもわかるように、遍依円の三性というのは、有の立場・有の視点から、世界の在り方を考察したものです。

しかし、有るとなれば、その在り方がどうであれ、それを実体化し、固定化し、そして、執着してかかるのが私たちです。遍計所執の妄有はまさにそれですが、気をぬき油断すれば、依他起の仮有も円成実の真有もたちまち、なにやら妄有の気分です。そこで、有の視点の遍依円の三性にもとづきながら、もう一方の、空の視点から改めて考察、これを三無性として示すのです。

つまり、遍計所執性は妄有で、元来は都無——。実体なんてないのですから、相無性とみることができます。相が無性とは、実体がないという意味です。つぎに、仮有の依他起性は、ある条件の下、さまざまな原因が一時的に和合して在るわけで、自然に生じたものではありません。そこで、仮有の依他起性は生無性だ、とみるのです。そして、真有の円成実性は、遍計所執を隔絶したところに顕れる世界で、そこでは、すべてのもの（諸法）はあるがまま、つねにそれそのもの（常如）のスガタをしています。そうした世界は勝れたもの（勝義）という他なく、そこを勝義無性と捉《とら》えるわけです。

私たちは、有るとなれば、ものごとをどうしても実体的・不変的に理解し、そこに手前勝手な思い計らいと自分の都合にあわせた執心を投げかけてしまいます。しかし、他方、空や無ということがあまりに強調されると、こんどは反転して、すべてが無ならば——、と虚無に傾いてしまいます。もし万事に虚無的になれば、ふつう一般の堅固な人生はいうにおよばず、円成実の世界なぞ求むべくもないでしょう。そこで、唯識では、

遍計所執性——相　無　性
依他起性——生　無　性
円成実性——勝義無性

と、三性と三無性をセットで示し、有の視点にも空の視点にも偏らないまさに中道を明示して、私たちを導こうとしています。

こうした非有非空の唯識中道がめざすものを、『三十頌』第二五頌は「諸法の勝義」といい、また、「真如」「常如」といい、そして、「唯識実性」だと述べていますが、いずれにせよ、それは円成実性——勝義無性という究極の世界です。

唯識仏教が明らかにしてきた心心所にかかわるさまざまな知見を下にして、この究極の世界を求める——。「唯識実性」の語は、まさにそうしたことを集約したものでしょう。

第五章　真実の世界へ

一　唯識学修の行程①　資糧位と加行位

〔二六〕

1 乃至未起識
2 求住唯識性
3 於二取随眠
4 猶未能伏滅

乃《いま》し識を起して、
唯識の性《しょう》に住《じゅう》せんと求めざるに至るまでは、
二取《にしゅ》の随眠《ずいみん》に於て、
猶《なお》、未だ伏し滅すること能《あた》わず。

〔二七〕

1 現前立少物
2 謂是唯識性
3 以有所得故
4 非実住唯識

現前に少物《しょうもつ》を立てて、
是《こ》れ唯識の性なりと謂《おも》えり。
所得あるを以ての故に、
実に唯識に住するには非ず。

（現代語訳）

〔二六〕さて、その唯識実性という真実の世界に至る道ですが、おおよそ五つのステージが考えられています。その最初は〈資糧《しりょう》〉と名づけられる階位です。ここでは、すでに発心して唯識の知見を深く学びつつあるのですが、唯識実性そのものには、まだ遠くおよびません。というか、まだまだ自己と自己にかかわるものとに対する執着を抑制することさえできないのです。しかし、そうでありながらも、日常的に菩薩行を実践し、真実の世界を窺《うかが》う糧をひたすら積む——。それがこの階位の特徴です。

〔二七〕その次は、〈加行《けぎょう》〉という名の階位です。ここでは、前段で積み上げた膨大な資糧をもとに、唯識実性への道をますます力強く進みます。ただ、識が転変して分別する側（見分）と分別される側（相分）に分かれることによって認識が成り立っていることが、まだ完全に納得できていない状況です。そのため、心に浮んだ真如（という相分に過ぎないもの）を真如そのもの、つまり、それこそ唯識実性だと勘違いするのです。そもそも真如は、見分・相分とか、主観・客観というような二元対立の構図で把捉《はそく》できるものでありませんから、この階位では、まだ唯識実性の何たるかが理解されません。

『三十頌』の第二六頌以下の五頌は、真実世界への行程が簡潔に示されています。低いステージから順に資糧位・加行位・通達《つうだつ》位・修習《しゅじゅう》位の四つの階位をへて、究竟《くきょう》位という究極の真実世界に至る行程です。

これとは別に、ちょっとややこしいかも知れませんが、四十一位という菩薩の修行階位があります。これはすでに本書序章「一　帰敬の頌」などでもみたように、十住・十行・十回向・十地・仏果の四十一位で、その十住の最初が「発心住」です。これは、――この私もまた、真実の世界を求めて一途《いちず》に進むのだ。と、堅固な菩《ぼ》提心《だいしん》を発《おこ》すことですが、いまの行程でいえば資糧位の冒頭に立ったわけで、ここに、真実の世界・仏の世界を目指す旅がはじまるのです。

むろん、資糧位は仏道の発端ですから、第二六頌3・4に「二取の随眠に於て、／猶、未だ伏し滅すること能わず」と述べられるように、自己と自己にかかわりのあるものへの執着を抑制することも、なくすこともできません。この、自己に対する執着を「我執《がしゅう》」とか「煩悩障《ぼんのうしょう》」といい、他方、自己にかかわりのあるものに対する執着を「法執《ほっしゅう》」とか「所《しょ》知障《ちしょう》」といいます。資糧位では、こうした二種の障害に阻まれて、真実世界をみることができないのです。

しかし、そうした中にも、仏道の歩みを資《たす》ける糧を積み重ねていきます。これは要するに菩薩行の実践で、その代表的なものとしては、布施・持戒《じかい》・忍辱《にんにく》・精進・禅定《ぜんじょう》・智慧《ちえ》の六波羅蜜や、布施・愛語・利行《りぎょう》・同事《どうじ》の四摂事《ししょうじ》などがあります。たとえば、布施は、執着心を減少させる実践項目としてきわめて重要なもので、仏教ではことさらに「三輪清浄《しょうじょう》の布施」ともいいます。つまり、施す側の「能施《のうせ》」と施される側の「所施《しょせ》」、その能施と所施との間で受け渡される「施物《せもつ》」のそれぞれが、恬淡《てんたん》・無垢《むく》でないといけない。たとえば、このオレが施してやったんだとか、施しをうけたこのワタシというような、なにかさわやかでない感情の下では、仏教の布施行は成立しないというのです。むろん、施物もまっとうなものでないといけませんが、それが「これ、よかったらどうぞ」、「これはどうも。ありがとう」とさらりと受け渡され、後にいささかも尾を引かない――。それが三輪清浄の布施です。

この点、私たちのもののやりとりは、なにかしらわだかまりがあります。能施の側に立てば、いつまでも与えたこと・してあげたことを執拗《しつよう》に憶《おぼ》えていますし、所施だと、もらったのはうれしいですが、それとは別に、――その内にお返ししなくては、という思いが心をよぎります。つまり、もらいっぱなしでは、なにか心苦しい。そこで適宜お返しして、崩れたバランスを元にもどす……。多くは、そうした事のなりゆきです。日本のような贈答社会では、その傾向が強いのかもしれません。

一方、仏道を一途に歩もうと固く心に決めて入った資糧位の状況はどうなのでしょうか。一見、さまざまな菩薩行がこともなく積み重ねられていくイメージですが、それがどうもそうでもないようです。『成唯識論』によれば仏道の初期に、真実世界の深遠なことや菩薩行の実践しがたいこと、あるいは、我執・法執の断ち切りがたいことを聞いて、やはり自分には無理だと悲観的気分に陥り、菩薩行の躊躇《ちゅうちょ》や断念が見受けられると指摘されています。堅固な発心にもかかわらず、このように仏道を躊躇したり断念することを「退屈」といいます。文字通り、退き屈することです。

資糧位は、時にこのような退屈心に襲われるのですが、そういうときには「自心を練磨し、勇猛にして退かず」（同論）と気持ちを引き締め、不退転の決意をいよいよ固めて、さまざまな菩薩行を積み重ねていきます。

次の加行位《けぎょう》は、第二七頌に説明があります。その現代語訳の冒頭、「ここでは、前段で積み上げた膨大な資糧をもとに、唯識実性への道をますます力強く進みます」という三十頌本文にない一文を入れておきました。古来、「加」字は「ますます」とよみ、加行位で真実世界への道もいよいよ本格的になるからですが、実は、前段の資糧位とこの加行位とで、一阿僧祇劫《あそうぎこう》という長大な時間を要するといわれています。阿僧祇はサンスクリット語のアーサンキャの音写で、「無数」の意味です。資糧位は先にみましたように、四十一位の菩薩の修行階位でいえば十住の初住（発心住）にはじまり、十行・十回向へと進みます。そして、第十回向を満たして加行位に入るのですが、一阿僧祇劫のほとんどが資糧位とみられていますから、そこで積み上げられた菩薩行はまさに膨大なのです。それこそ無数というか、数え切れない資糧を推進力として加行位を進み、一気に次のステージをも展望しようかというところまで来たわけです。

ただ、加行位について、第二七頌4は「実に唯識に住するには非ず」と述べ、いまだ真如、唯識実性の何たるかがわかっていない段階だ、と指摘しています。それというのも、「現前に少物を立てて、／是れ唯識の性なり」（第二七頌1・2）と思い違いしているからだというのです。前段の資糧位では、時に退屈心に襲われながらも菩薩行の実践を貫きましたので、その点では、ほぼパスしているのでしょう。しかし、認識の仕組みがまだ完全に了解されておらず、つい見誤ってしまうこともある――。とくに目指すべき真実世界にかかわる誤認は問題です。

唯識によれば、認識というのは識が転変して、分別するもの（見分）と分別されるもの（相分）とに分かれることによって成立するものでした。これは、外界の客体を主観が認識するという主客二元ではないにしても、心に浮んだ影像《ようぞう》相分を見分が認めるという二元の構図であることには違いありません。そういう影像相分には、本質《ほんぜつ》相分と違って実体性は認められていないわけですが、真如というものがそういう構図で理解されるのであれば、それは真如でもなんでもないものです。現前に立てられた少物とは、そういう影像としての真如のことで、加行位は、そうした誤りを正していく階位です。

なお、さきほどの阿僧祇劫ですが、はっきりいって尋常な時間ではありません。『瓔珞《ようらく》経《ぎょう》』によれば、八百里立方という巨大な石を、天人の羽衣で三年に一度サッと拭《ぬぐ》うことによって、ついに摩滅してしまう時間が一阿僧祇だというのです。これはもう、ほとんど永遠という他ありません。

これをどうみるかですが、私たちはなにごとも効率優先で、目先の利益追求にあくせくするばかりですが、そういうチマチマした日常をともかくも一度手放してみる。そしてまた、心静かに自己を顧みる——。そうしたなかに、あるいは、その八百里立方の巨石が他ならぬ自分の執拗な執着心とみえてくるかもしれません。それを、それこそ三年に一度ほど、——なんとかしなきゃ、と思っているようでは、執着の巨石はいつまで経っても寸分だに摩滅しない。というより、種子生現行・現行熏種子の三法展転で、執着の行動情報が膨張する一方でしょう。唯識が提示する学修行程の長大さをとやかくいう前に、私たちにはどうやら、することがあるようです。

〔二八〕

1 若時於所縁
2 智都無所得
3 爾時住唯識
4 離二取相故

若《も》し時に所縁の於《うえ》に、
智イイ都《すべ》て所得無くなんぬ。
爾《そ》の時に唯識に住す。
二取の相を離れぬるが故に。

〔二九〕

1 無得不思議
2 是出世間智
3 捨二麁重故
4 便証得転依

無得なり。不思議なり。
是れ出世間の智なり。
二の麁重《そじゅう》を捨《しゃ》しつるが故に、
便《すなわ》ち転依《てんね》を証得す。

（現代語訳）

〔二八〕第三は、〈通達《つうだつ》〉という名の階位です。この階位では、前段の加行によって汚《けが》れのない智慧が一分開発されると考えられています。その智慧は無分別智《むふんべつち》といわれるもので、あらゆるものを対象化して知るのではなく、照見してその本質を洞察します。そして、そうした無分別智のはたらきによって、私たちは真如のなんたるかを了解します。つまり、ここにおいて、ついに真如に通達するわけです。

〔二九〕次の階位は、〈修習《しゅじゅう》〉と呼ばれます。無分別智がいよいよ輝いて、そこは、みる・みられるという次元、つまり、私たちの思議・分別をはるかに超えた世界です。このステージではもはや、自己と自己にかかわるものに対する執着はおのずから脱落し、なにごとも、智慧を依《よ》りどころに組み替えられます。もうまったくの別世界ですが、そういう状況のなかで、なおも長大な時間、身心の練磨と調整に明け暮れます。

資糧位・加行位をへて進む第三の通達位のことが第二八頌に、第四の修習位については、第二九頌にそれぞれ説明されています。このなか、通達とは真如に通達することで、四十一の菩薩行位でいえば、十住・十行・十回向と進んで、ついに十地の初地に入ったのです。この十地は、いわば凡夫と聖者《しょうじゃ》を分ける境目で、十地以前が「地前《ちぜん》の菩薩」。初地に入れば「登地《とうち》の菩薩」で、地前に対して「地上《ちじょう》の菩薩」といわれます。しかし、地上の菩薩もまだ修行中の身であることには変わりなく、十地の初地から七地に進むに要する時間は、また例の一阿僧祇劫と考えられています。

それはともかく、通達位の特徴は、無分別智がはたらきはじめることです。何度も述べてきましたが、唯識によれば、私たちの認識というのは外界に実在する客体を主観がみるというのではなく、識の転変によって分別するものと分別されるものに分かれることによって成立しています。その分別するものを「(能縁の)見分」とか「能取」、一方、分別されるものを「(所縁の)相分」や「所取」などともいうことは、第一七頌のところで学びましたが、いまの第二八頌4の「二取の相を離れぬるが故に」の二取とは、その能取と所取のことです。通達位になれば、識転変によるそうした二取の相を離れて、つまり、ものごとを対象化して知るのではなく、無分別智がはたらいて、そのものの本質を瞬時に見通していくというのです。第二八頌2が「智ィィ……」と、智を強調する読み癖になっているのも、識から智へ、識による認識から智による覚知へ、という依りどころの変化を反映したものです。

そして、第四の修習の階位に入れば、智慧はいよいよ輝きを増します。そこはもう、私たちの思議を超えた世界です。第二九頌3に「二の麁重を捨しつるが故に」と述べられるように、ここにおいて、煩悩障と所知障を完全に捨て去ります。というか、それも、これら二つの障害を断滅しようとひたすら努力するのでもなく、おのずから脱落するのだというのです。そこまで、唯識学修の行程が進んだわけです。そして、自己と自己にかかわるすべてが、その智慧を依りどころとして再編されます。それが、第二九頌4の「便ち転依を証得す」です。転依とは、依りどころを転換することです。

ところで、第三の通達位は真如に通達したのですから、いってみれば目標に到達です。それなら唯識学修の行程が終了したのかというと、それが違うのです。通達位は、四十一の菩薩行位でいえば、十地の初地から七地までですが、この通過に一阿僧祇劫を要し、さらに、第四の修習位（十地の八地から十地）にもまた、一阿僧祇劫がかかるといわれます。つまり、第一資糧位から第四修習位まで都合、実に三阿僧祇劫です。所要時間というには長大に過ぎるというか、下世話にいえば、もうあまりにもべらぼうです。しかし、一言でいえば、それほどの執着——。巨石と見まごうばかりのわが執着、その執拗《しつよう》さは並大抵のものではない、ということに尽きます。唯識の知見は、それをこそ私たちに気づかせるものともいえますが、それが、ほとんど永遠といってもよい唯識学修の行程に反映しているということでしょう。真実はそのスガタをなかなか見せないのです。

三　唯識学修の行程③　究竟位

〔三〇〕

1　此即無漏界
2　不思議善常
3　安楽解脱身
4　大牟尼名法

此《こ》れは即ち無漏《むろ》界なり。
不思議なり。善なり。常なり。
安楽なり。解脱身《げだっしん》なり。
大牟尼《だいむに》なるを法と名づく。

（現代語訳）

〔三〇〕そして、いままでの唯識学修が報われて、ついに究極のステージ〈究《く》竟《きょう》〉に入ります。自己と自己にかかわるものへの執着という二つの障害を完全にクリアーし、識から智慧に依《よ》りどころを転換しましたから、そこはもう、汚れのない清浄な世界です。そこは、私たちの常識というか思議をはるかに超えた境地であり、完ぺきな善に満たされているでしょう。また、真理真実の世界ですから、浮き草のように漂い移りゆくものではありません。そして、内なる障害がことごとく取り除かれたのですから、まさに安楽の境地というべきです。
むろん、自己執着だけを手放しても、その意味で、束縛から解放された者ということができます。しかし、自己にかかわるものへの執着がそのままなら、その解放は決して完全とはいえません。ここに、唯識学修の菩薩は、自己と自己にかかわるすべての執着をことごとく捨て、無分別智を依りどころとし、ついに言語を絶した深い静寂の境地に至ります。それはまさに仏身《ぶっしん》、仏たる者といえましょう。

前段の修習位で転依を果たして、ここに、ついに究極のステージ、究竟位に至ります。第三〇頌1の「此れは即ち無漏界なり」の此れとは、その転依によって証得されたもの(二転依の妙果)を指します。再説すれば、転依とは依りどころを転換することで、自己執着の煩悩障と自己にかかわるものに対する執着の所知障の、その両方を捨て去ることによって、それぞれ涅槃《ねはん》(大いなるやすらぎ)を得、菩提《ぼだい》(覚の智慧《さとり》)を証するのだといわれます。そして、覚の智慧(菩提)によってみられる現象世界の本質がいわゆる真如で、そのあるがままの世界が要するに涅槃ということになります。

こうした煩悩障と所知障の二障をついに手放し、涅槃・菩提を証得することを二転依の妙果といい、仏道はここに成就します。これを図示すれば、左の図のようになります。

二障 ─┬─ 煩悩障（我執）↓涅槃 ─┬─ 二転依の妙果
　　　└─ 所知障（法執）↓菩提 ─┘

なお、覚の智慧の菩提は、大円鏡智《だいえんきょうち》・平等性《びょうどうしょう》智・妙観察智《みょうかんざつち》・成所作智《じょうしょさち》の四智ですが、これらもそれぞれ、第八阿頼耶識・第七末那識・第六意識・前五識から転得されたものといわれます。つまり、識が転換して智となるので、これを「転識得智《てんじきとくち》」といいますが、分析的な識から包括的な智に転換するのです。分別《ぶんべつ》的で分析的な識の認識から、包括的な智の覚知へという劇的な転換ないし改造です。

たとえば、第七末那識は意識下の自己中心性で、この識の関心はただ自己だけにあります。つまり、「世の中、人のため」とはいえ、末那識の本音は他はどうでもいい。自他を峻別《しゅんべつ》して、自分だけがよければすべてよし、です。それが平等性智になって、自他を平等にみる――。まさに劇的な転換、改造です。また、第六意識であれば、言葉を用いて比較検討し、その結果、あれはよい・これはよくない、などと判断します。ふつうはそれが当たり前で、巧みに言葉を使って分析してこそ明晰《めいせき》な理解が得られる、と考えます。しかし、ことがらに言葉を当てはめ、これはこういうものだ、といったん理解してしまえば、その言葉に見合うそういうものが、そこにはじめからあるように思ってしまいがちです。いわば言葉の束縛ですが、それが妙観察智に改造されると、ものごとやことがらを分別《ぶんべつ》し比較し分析して認識するのではなく、その本質を瞬時に見抜くというのです。そうした智の視座からはおそらく、なにごともそれそのものとして明々白々にみえるのでしょう。

その究極の真如の世界を、唯識では円成実性――勝義無性といい、唯識実性といっているわけですが、第三〇頌1・2・3は、そうした世界を無漏であり、不思議であり、善であり常であり、そして、安楽だと述べています。このなか、無漏は煩悩に汚されないことで、清浄を意味します。そして、善もまた、善悪というセットの善（有漏《うろ》善）ではなく、無漏善です。私たちの善はいわば悪とセットになっており、善と悪が混在する中で善から悪へ・悪から善へ、と漂いながら暮らしているのが私たちです。しかし、無漏善は、そんな悪への移行のないいわば完ぺきな善です。

最後の、第三〇頌4「大牟尼なるを法と名づく」の牟尼は、サンスクリット語のムニの音写で「寂黙」の意味です。私たちはふつう、なにごとによらず言葉を用いて理解しています。言葉による理解は一見明晰ですが、言葉の束縛や限界がありますし、言葉による誤った誘導もあります。饒舌《じょうぜつ》や口角沫《あわ》を飛ばす、というのが言葉のイメージだとすれば、言葉は喧騒《けんそう》というべきでしょう。そんな言葉を超え、智慧の力でことがらの本質を一気に見通すのは、まさに寂黙（大いなる沈黙と静寂）という他ありません。そして、法は法身、仏身の意味です。『三十頌』冒頭の、帰敬頌2「満分清浄者」でいえば、分清浄の唯識学修の菩薩がついに満清浄、仏たる者になるのです。

こうした究極の世界への道のりはまことに長いのですが、解脱上人貞慶は、そのことに関連して次のように述べています。その一文をここに掲げて、この章を閉じたいと思います。なお、文中の「我法《がほう》」とは、自己と自己にかかわるもの。その「我法に着《じゃく》する」のが、我執（煩悩障）と法執（所知障）です。また、「如幻《にょげん》の境《きょう》」とは、自分も自分をとりまくものもすべて移ろいゆくもので、不変・実体的ではありません。あくまで仮有の存在ですが、それが「幻のごとき」という表現になっています。

――聖者《しょうじゃ》と云い凡夫と云い、遠く外に尋ぬべからず。浄土と云い穢土と云い、遥かに境《さかい》を隔つべからず。我法を空《くう》ずるを覚者《かくしゃ》と称し、我法に着するを愚夫と名づく。所《しょ》執《しゅう》の境《きょう》を穢土と称し、如幻の境を浄土と名づく。

（『愚迷発心集』）

終章　結びの頌

〔結びの頌《じゅ》〕

1　已依聖教及正理
2　分別唯識性相義
3　所獲功徳施群生
4　願共速証無上覚

已《すで》に聖教《しょうぎょう》と及び正理《しょうり》とに依《よ》って、
唯識の性《しょう》と相《そう》との義を分別しつ。
所獲《しょぎゃく》の功徳をもって群生《ぐんじょう》に施す。
願わくは共に速やかに無上覚を証せん。

〔現代語訳〕

〔結びの頌〕以上、清らかな教えと正しい考え方・ものの捉《とら》え方によって、すべてはわが心の展開だという真実と、それについてのさまざまなことがらを学んできました。

この学修によって幸いにも、なにほどかの功徳が獲《え》られたのであれば、まずは、それをいのちあるものたちにふり向けたいと思います。そして、皆と共に速やかに、清浄な仏の世界に参入できますよう祈ります。

『唯識三十頌』は本頌の後に、こうした一頌が付け加えられています。釈結施願分《しゃっけつせがんぶん》といわれるものですが、要するに、エピローグです。冒頭の、帰敬《ききょう》の頌のところで述べましたように、著者世親の作ではありません。後世の注釈家によるもので、一読、意味は了解できます。

すべては、わが心の展開だという真実――。そのことにいささかなりとも触れ、また、学ぶことを通してえられた功徳を、まずは「群生に施す」のだと述べられています。唯識学修の菩薩も、もとより大乗の菩薩ですから、その基本姿勢は「自利々他平等」です。平等とはこの場合、自利であることが同時に利他であり、また、利他であることがそのまま自利であるという関係です。ここには、ただひたすら自分のためだけとか、自己を犠牲にした献身という自他の対立や区別、あるいは、自他どちらかを一方的に否定する意味合いはありません。

この自利々他平等と唯識の学修は、いうまでもなくパラレルに深化していくものと考えられますが、こうした唯識実性《じつしょう》への道を歩みはじめたならば、ささやかなりとも、それにともなう功徳がかもし出されることでしょう。そうした功徳を群生（いのちあるものたち）にふり向け、そして、皆と一緒にこの上ない覚《さとり》の境地を明らかにしようではありませんか、と祈られています。帰敬頌の「諸《もろもろ》の有情《うじょう》を利楽せん」と、この釈結施願分の「群生に施し、……（皆）共に速やかに無上覚を証せん」とが、みごとに呼応しています。

ふりかえれば、『三十頌』の第二五頌では、自己にかかわるすべてのものごとが常にそのあるがままのスガタで顕れるという、いわゆる真如《しんにょ》の世界が取り上げられていました。そのあるがままのスガタで如実に顕れるということは、すべてのものごと（諸法）にとってもっともすばらしいことであり、「諸法の勝義《しょうぎ》」といわれました。そして同時に、「唯識実性」と表現されたのですが、そうした世界を憧憬《しょうけい》し、たとえ一歩なりとも近づくのだと志せば、私たちもまた、唯識学修の菩薩に他なりません。

そして、その立場に立ったならば、自他や主客という二元対立、あるいは、善悪や美醜、新旧や利便性の有無なぞという比較相対を乗りこえ、日常とは明らかに異なる、まったく新たな世界を模索することになります。その要点をいえば、ものごとをこまごまと分別《ぶんべつ》し、対象化して知ろうとする識のはたらきを依りどころにするのではなく、大きく包括的にものごとを捉え、その本質を洞察する智慧《ちえ》の輝きに期するということでしょうか。

『唯識三十頌』は、私たちの心の構造とそのはたらきの分析を通して、わが日常の有体《ありてい》を明らかにし、その上で、いかなる束縛もないあるがままの世界と、それに至る行程を簡潔に示しています。私たちはいま、それを一通り学んだのですが、唯識の知見は日常の自己を顧みる恰好《かっこう》の鏡でもあり、悲喜こもごも折にふれ、学修を重ねられますことを祈って終りたいと思います。

唯識三十頌

読誦用

『唯識三十頌《ゆいしきさんじゅうじゅ》』

㊂同音 世親菩薩造《せしんぼさんぞ》

〔帰敬の頌〕 稽首唯識性《けいしゅゆいししょ》　満分清浄者《まんぶんしょじょしゃ》　我今釈彼説《がこんしゃひせ》　利楽諸有情《りらしょうじょ》

〔一〕 由仮説我法《ゆけせがほ》　有種種相転《うしゅじゅそうてん》　彼依識所変《ひえししょへん》　此能変唯三《しのうへんゆいさん》

〔二〕 謂異熟思量《いいじゅしりよ》　及了別境識《ぎゅりょべつきょし》　初阿頼耶識《しょあらやし》　異熟一切種《いじゅいつさいしゅ》

〔三〕 不可知執受《ふかちしゅうじゅ》　処了常与触《しょりょじょよそ》　作意受想思《さいじゅそうし》　相応唯捨受《そうおうゆいしゃじゅ》

〔四〕 是無覆無記《ぜむふむき》　触等亦如是《そとやによぜ》　恒転如暴流《ごうてんによぼる》　阿羅漢位捨《あらかんにしゃ》

〔五〕 次第二能変《しだいにのうへん》　是識名末那《ぜしみょまな》　依彼転縁彼《えひてんねんぴ》　思量為性相《しりよいしょそう》

〔六〕 四煩悩常倶《しぼんのうじょうく》　謂我癡我見《いがちがけん》　并我慢我愛《びょがまんがあい》　及余触等倶《ぎゅよそとく》

〔七〕 有覆無記摂《うふむきしょう》　随所生所繫《ずいしょしょしょげ》　阿羅漢滅定《あらかんめんじょ》　出世道無有《しゅせどむう》

〔八〕 次《し》第《だい》三《さん》能《のう》変《へん》　差《しゃ》別《べ》有《う》六《ろ》種《しゅ》　了《りょ》境《きょ》為《い》性《しょ》相《そう》　善《ぜん》不《ぷ》善《ぜん》倶《く》非《ひ》

〔九〕 此《し》心《しん》所《じょ》遍《へん》行《ぎょ》　別《べっ》境《きょ》善《ぜん》煩《ぼん》悩《のう》　随《ずい》煩《ぼん》悩《のう》不《ふ》定《じょ》　皆《かい》三《さん》受《じゅ》相《そう》応《おう》

〔一〇〕 初《しょ》遍《へん》行《ぎょ》触《そ》等《と》　次《し》別《べつ》境《きょ》謂《い》欲《よ》　勝《しょ》解《げ》念《ねん》定《じょ》慧《え》　所《しょ》縁《えん》事《じ》不《ふ》同《ど》

〔一一〕 善《ぜん》謂《に》信《しん》慚《ざん》愧《ぎ》　無《む》貪《とん》等《と》三《さん》根《こん》　勤《ごん》安《なん》不《ふ》放《ほ》逸《い》　行《ぎょ》捨《しゃ》及《ぎゅ》不《ふ》害《がい》

〔一二〕 煩《ぼん》悩《のう》謂《い》貪《とん》瞋《じん》　癡《ち》慢《まん》疑《ぎ》悪《あっ》見《けん》　随《ずい》煩《ぼん》悩《のう》謂《い》忿《ふん》　恨《こん》覆《ぷ》悩《のう》嫉《しつ》慳《けん》

〔一三〕 誑《おう》諂《てん》与《よ》害《がい》憍《きょ》　無《む》慚《ざん》及《ぎゅ》無《む》愧《ぎ》　掉《じょ》挙《こ》与《よ》惛《こん》沈《ぢん》　不《ふ》信《しん》并《びょ》懈《け》怠《だい》

〔一四〕 放《ほ》逸《い》及《ぎゅ》失《し》念《ねん》　散《さん》乱《らん》不《ふ》正《しょ》知《ち》　不《ふ》定《じょ》謂《い》悔《け》眠《みん》　尋《じん》伺《し》二《に》各《か》二《に》

〔一五〕 依《え》止《し》根《こん》本《ぽん》識《し》　五《ご》識《し》随《ずい》縁《えん》現《げん》　或《わつ》倶《く》或《わつ》不《ふ》倶《く》　如《にょ》涛《と》波《は》依《え》水《すい》

〔一六〕 意《い》識《し》常《じょ》現《げん》起《き》　除《じょ》生《しょう》無《む》想《そう》天《てん》　及《ぎゅ》無《む》心《しん》二《に》定《じょ》　睡《すい》眠《みん》与《よ》悶《もん》絶《ぜ》

〔一七〕是《ぜ》諸識《しょし》転変《てんぺん》　分別所分別《ふんべつしょふんべ》　由《ゆ》此《し》彼《ひ》皆無《かいむ》　故《こ》一切唯識《いっさいゆいし》

〔一八〕由《ゆ》一切種識《いっさいしゅし》　如是《にょぜ》如是《にょぜ》変《へん》　以《い》展転力故《ちんでんりっこ》　彼《ひ》彼《ひ》分別生《ふんべつしょ》

〔一九〕由《ゆ》諸業《しょご》習気《じっけ》　二《に》取習気《しゅじっけ》倶《く》　前異《ぜんに》熟既《じゅき》尽《じん》　復《ぶ》生余《しょよ》異《い》熟《じゅ》

〔二〇〕由《ゆ》彼《ひ》彼《ひ》遍計《へんげ》　遍計《へんげ》種種物《しゅじゅも》　此《し》遍計《へんげ》所執《しょしゅう》　自《じ》性無《しょむ》所有《しょう》

〔二一〕依《え》他《た》起《き》自《じ》性《しょ》　分別《ふんべ》縁所生《えんしょしょ》　円成実《えんじょじ》於《お》彼《ひ》　常遠離前性《じょうおんりぜんしょ》

〔二二〕故《こ》此《し》与《よ》依《え》他《た》　非《ひ》異《い》非《ひ》不《ふ》異《い》　如無《にょむ》常等《じょと》性《しょ》　非《ひ》不《ふ》見此《けんし》彼《ひ》

〔二三〕即《そ》依《え》此《し》三性《さんじょ》　立彼《りっぴ》三無《さんむ》性《しょ》　故《こ》仏《ぶ》密意《みっち》説《せ》　一切法《いっさいほ》無《む》性《しょ》

〔二四〕初即《しょそ》相《そ》無《む》性《しょ》　次《し》無《む》自《じ》然性《ねんしょ》　後《ご》由《ゆ》遠離《おんり》前《ぜん》　所執我《しょしゅが》法性《ほっしょ》

〔二五〕此《し》諸法勝義《しょほっしょぎ》　亦《や》即《そ》是《ぜ》真如《しんにょ》　常如其性故《じょにょごっしょこ》　即《そ》唯識《ゆいし》実性《じっしょ》

〔二六〕乃至《ないし》未《み》起《き》識《し》　求《ぐ》住《じゅ》唯《ゆい》識《し》性《しょ》　於《お》二《に》取《しゅ》随眠《ずいみん》　猶《ゆ》未《み》能《の》伏《ぶ》滅《め》

〔二七〕現前《げんぜん》立《りつ》少《しょ》物《も》　謂《い》是《ぜ》唯《ゆい》識《し》性《しょ》　以《い》有《う》所《しょ》得《とっ》故《こ》　非《ひ》実《じ》住《じゅ》唯《ゆい》識《し》

〔二八〕若《にゃ》時《じ》於《お》所《しょ》縁《えん》　智《ち》都《と》無《む》所《しょ》得《と》　爾《に》時《じ》住《じゅ》唯《ゆい》識《し》　離《り》二《に》取《しゅ》相《そ》故《こ》

〔二九〕無《む》得《と》不《ふ》思《し》議《ぎ》　是《ぜ》出《しゅっ》世《せ》間《けん》智《ち》　捨《しゃ》二《に》麁《そ》重《じゅ》故《こ》　便《べん》証《しょ》得《と》転《てん》依《ね》

〔三〇〕此《し》即《そ》無《む》漏《ろ》界《かい》　不《ふ》思《し》議《ぎ》善《ぜん》常《じょ》　安《あん》楽《ら》解《げ》脱《だっ》身《しん》　大《だい》牟《む》尼《に》名《みょ》法《ほう》

〔結びの頌〕『已《い》依《え》聖教《しょぎょ》及《ぎゅ》正理《しょり》』（同音）分別《ふんべ》唯識性相義《ゆいしきしょうそうぎ》

所《しょ》獲《ぎゃ》功《く》徳《どく》施《せ》群生《ぐんじょ》　願《がん》共《ぐ》速《そく》証《しょう》無《む》上《じょう》覚《かく》

興福寺では、『唯識三十頌』をはじめ経論はみな、ルビのように読誦《どくじゅ》する。例外もあるが、ほぼ語尾のク・キ・ツ・チ・フが省略される。四声《しせい》の一つ・入声《にっしょう》は元来、語尾が無声の子音といわれて微音。そのため、入声の文字は日本伝来当初はっきり発音されなかった。こうした読誦はその名残であろう。

本書は、二〇一二年五月、大法輪閣刊行の『唯識
こころの哲学——唯識三十頌を読む』を改題のうえ
文庫化したものです。

図版作成　村松明夫

唯《ゆい》識《しき》とはなにか

唯識三十頌《ゆいしきさんじゅうじゅ》を読《よ》む

多《た》川《がわ》俊映《しゅんえい》

平成27年 6月25日　初版発行
令和4年 3月15日　6版発行

発行者●青柳昌行

発行●株式会社KADOKAWA
〒102-8177　東京都千代田区富士見2-13-3
電話　0570-002-301（ナビダイヤル）

角川文庫 19243

印刷所●株式会社KADOKAWA
製本所●株式会社KADOKAWA

表紙画●和田三造

ISBN978-4-04-408915-3　C0115

◆◇◇

角川文庫発刊に際して

角　川　源　義

第二次世界大戦の敗北は、軍事力の敗北であった以上に、私たちの若い文化力の敗退であった。私たちの文化が戦争に対して如何に無力であり、単なるあだ花に過ぎなかったかを、私たちは身を以て体験し痛感した。西洋近代文化の摂取にとって、明治以後八十年の歳月は決して短かすぎたとは言えない。にもかかわらず、近代文化の伝統を確立し、自由な批判と柔軟な良識に富む文化層として自らを形成することに私たちは失敗して来た。そしてこれは、各層への文化の普及滲透を任務とする出版人の責任でもあった。

一九四五年以来、私たちは再び振出しに戻り、第一歩から踏み出すことを余儀なくされた。これは大きな不幸ではあるが、反面、これまでの混沌・未熟・歪曲の中にあった我が国の文化に秩序と確たる基礎を齎らすためには絶好の機会でもある。角川書店は、このような祖国の文化的危機にあたり、微力をも顧みず再建の礎石たるべき抱負と決意とをもって出発したが、ここに創立以来の念願を果すべく角川文庫を発刊する。これまで刊行されたあらゆる全集叢書文庫類の長所と短所とを検討し、古今東西の不朽の典籍を、良心的編集のもとに、廉価に、そして書架にふさわしい美本として、多くのひとびとに提供しようとする。しかし私たちは徒らに百科全書的な知識のジレッタントを作ることを目的とせず、あくまで祖国の文化に秩序と再建への道を示し、この文庫を角川書店の栄ある事業として、今後永久に継続発展せしめ、学芸と教養との殿堂として大成せんことを期したい。多くの読書子の愛情ある忠言と支持とによって、この希望と抱負とを完遂せしめられんことを願う。

一九四九年五月三日

角川ソフィア文庫ベストセラー

無心ということ　鈴木大拙

無心こそ東洋精神文化の軸と捉える鈴木大拙が、仏教生活の体験を通して禅・浄土教・日本や中国の思想へと考察の輪を広げる。禅浄一致の思想を巧みに展開、宗教的考えの本質をあざやかに解き明かしていく。

新版　禅とは何か　鈴木大拙

宗教とは何か。仏教とは何か。そして禅とは何か。自身の経験を通して読者を禅に向き合わせながら、この究極の問いを解きほぐす名著。初心者、修行者を問わず、人々を本格的な禅の世界へと誘う最良の入門書。

日本的霊性　完全版　鈴木大拙

精神の根底には霊性（宗教意識）がある――。念仏や禅の本質を生活と結びつけ、法然、親鸞、そして鎌倉時代の禅宗に、真に日本人らしい宗教的な本質を見出す。日本人がもつべき心の支柱を熱く記した代表作。

般若心経講義　高神覚昇

『心経』に込められた仏教根本思想『空』の認識を、その否定面「色即是空」と肯定面「空即是色」の二面から捉え、思想の本質を明らかにする。日本人の精神文化へと誘う、『般若心経』の味わい深い入門書。

真釈　般若心経　宮坂宥洪

『般若心経』とは、心の内面の問題を解いたものではなく、具体的な修行方法が説かれたものだった！　経典成立当時の古代インドの言語、サンスクリット語研究が導き出した新解釈で、経典の真実を明らかにする。

角川ソフィア文庫ベストセラー

知っておきたい日本の神様

武光　誠

八幡・天神・稲荷神社などは、なぜ全国各地にあるの？　身近な神社はどんな歴史や由来を持つの？　身近な神様の成り立ち、系譜、信仰のすべてがわかる！　お参りしたい神様が見つかる、神社めぐり歴史案内。

知っておきたい日本の仏教

武光　誠

いろいろな宗派の成り立ちや教え、仏像の見方、寺の造りと僧侶の仕事、仏事の意味など、日本の仏教の基本の「き」をわかりやすく解説。日頃、耳にし目にする仏教関連のことがらを知るためのミニ百科決定版。

知っておきたい日本のご利益

武光　誠

パワースポットにもなって人びとの願いと信仰が凝縮したもの、それがご利益。商売繁盛、学業成就、厄除け、縁結びなど、霊験あらたかな神仏の数々の由来や祈願の仕方など、ご利益のすべてがわかるミニ百科。

知っておきたい日本のしきたり

武光　誠

方位の吉凶や厄年、箸の使い方、上座と下座。常識のように思われてきたこれらの日常の決まりごとや作法は、何に由来するのか。旧暦の生活や信仰など、日本の文化となってきたしきたりをやさしく読み解く。

知っておきたい仏像の見方

瓜生　中

仏像は美術品ではなく、信仰の対象として仏師により造られてきた。それぞれの仏像が生まれた背景、身体の特徴、台座、持ち物の意味、そして仏がもたらす救いとは何か。仏教の世界観が一問一答でよくわかる！

角川ソフィア文庫ベストセラー

知っておきたい
日本の神話

瓜生中

「アマテラスの岩戸隠れ」「因幡の白兎」「スサノオのオロチ退治」――。日本人なら誰でも知っている神話を、天地創造神話・古代天皇に関する神話・神社創祀などに分類。神話の世界が現代語訳ですっきりわかる。

知っておきたい
わが家の宗教

瓜生中

信仰心がないといわれる日本人だが、宗教人口は驚くほど多い。その種類や教義、神仏習合や檀家制度、さらに身近な習俗まで、祖霊崇拝を軸とする日本人の宗教を総ざらいする。冠婚葬祭に役立つ知識も満載！

知っておきたい
般若心経

瓜生中

わずか二六二文字に圧縮された、この経典には何が書かれていて、唱えたり写経するとどんなご利益が得られるのか。知っているようで知らない般若心経を読み解き、一切の苦厄を取り除く悟りの真髄に迫る。

知っておきたい
日本の名僧

瓜生中

最澄、空海、法然、親鸞、日蓮、一遍、栄西、一休、道元。日本人なら誰もが知っている名僧たち。独自の教義へ辿りつくまでの道筋とその教えをコンパクトに解説。名僧たちを通して仏教の理解が深まる！

よくわかるお経読本

瓜生中

般若心経、浄土三部経、光明真言、和讃ほか、各宗派の代表的なお経十九を一冊に収録。ふりがな付きの原文と現代語訳で読みやすく、難解な仏教用語も詳細に解説。葬儀や法要、写経にも役立つ実用的読本！

角川ソフィア文庫ベストセラー

自分をみつめる禅問答
南　直哉

「死とはなにか」「生きることに意味はあるのか」——。生について、誰もがぶつかる根源的な問いに、「禅問答」のスタイルで回答。不安定で生きづらい時代に、仏教の本質を知り、人間の真理に迫る画期的な書。

いきなりはじめる仏教入門
内田　樹
釈　徹宗

仏教について何も知らない哲学者が、いきなり仏教に入門!? 「悟りとは何か」「死は苦しみか」などの根源的なテーマについて、思想と身体性を武器に、自らの常識感覚で挑む！　知的でユニークな仏教入門。

はじめたばかりの浄土真宗
内田　樹
釈　徹宗

〈知っていて悪いことをする〉のと〈知らないで悪いことをする〉のと、罪深いのはどちらか」。浄土真宗の意義と、仏教のあり方を問い直す、新しい仏教入門書。特別対談「いま、日本の仏教を考える」を収録。

ビギナーズ　日本の思想
新訳　茶の本
岡倉天心
訳／大久保喬樹

『茶の本』（全訳）と『東洋の理想』（抄訳）を、読みやすい訳文と解説で読む！　ロマンチックで波乱に富んだ生涯を、エピソードと証言で綴った読み物風伝記も付載。天心の思想と人物が理解できる入門書。

ビギナーズ　日本の思想
九鬼周造「いきの構造」
九鬼周造
編／大久保喬樹

恋愛のテクニックが江戸好みの美意識「いき」を生んだ——。日本文化論の傑作を平易な話し言葉にし、各章ごとに内容を要約。異端の哲学者・九鬼周造の波乱に富んだ人生遍歴と、思想の本質に迫る入門書。

角川ソフィア文庫ベストセラー

空海入門

加藤精一

革新的な思想で宗教界を導き、後に弘法大師と尊称された空海。その生涯と事績をたどり、『三教指帰』『弁顕密二教論』『秘蔵宝鑰』をはじめとする著作を紹介。何者にも引きずられない、人間空海の魅力に迫る！

ビギナーズ 日本の思想 空海「三《さん》教《ごう》指《しい》帰《き》」

空海
訳／加藤純隆・加藤精一

日本に真言密教をもたらした空海が、渡唐前の青年時代に著した名著。放蕩息子に儒者・道士・仏教者がそれぞれ説得を試みるという設定で各宗教の優劣を論じ、仏教こそが最高の道であると導く情熱の書。

ビギナーズ 日本の思想 空海「秘《ひ》蔵《ぞう》宝《ほう》鑰《やく》」 こころの底を知る手引き

空海
訳／加藤純隆・加藤精一

『三教指帰』で仏教の思想が最高であると宣言した空海は、多様化する仏教の中での最高のものを、心の発達段階として究明する。思想家空海の真髄を示す、集大成の名著。詳しい訳文でその醍醐味を味わう。

ビギナーズ 日本の思想 空海「般《はん》若《にゃ》心経《しんぎょう》秘《ひ》鍵《けん》」

空海
編／加藤精一

宗派や時代を超えて愛誦される「般若心経」。人々の幸せを願い続けた空海は、最晩年にその本質を〈こころ〉で読み解き、後世への希望として記した。名言や逸話とともに、空海思想の集大成をわかりやすく読む。

ビギナーズ 日本の思想 空海「即身成仏義」「声字実相義」「吽字義」

空海
編／加藤精一

大日如来はどのような仏身なのかを説く「即身成仏義」。言語や文章は全て大日如来の活動とする「声字実相義」。あらゆる価値の共通の原点は大日如来とする「吽字義」。真言密教を理解する上で必読の三部作。

角川ソフィア文庫ベストセラー

論語
ビギナーズ・クラシックス 中国の古典

加地伸行

孔子が残した言葉には、いつの時代にも共通する「人としての生きかた」の基本理念が凝縮され、現代人にも多くの知恵と勇気を与えてくれる。はじめて中国古典にふれる人に最適。中学生から読める論語入門！

老子・荘子
ビギナーズ・クラシックス 中国の古典

野村茂夫

老荘思想は、儒教と並ぶもう一つの中国思想。「上善は水のごとし」「大器晩成」「胡蝶の夢」など、人生を豊かにする親しみやすい言葉と、ユーモアに満ちた寓話を楽しみながら、無為自然に生きる知恵を学ぶ。

韓非子
ビギナーズ・クラシックス 中国の古典

西川靖二

「矛盾」「株を守る」などのエピソードを用いて法家の思想を説いた韓非。冷静ですぐれた政治思想と鋭い人間分析、君主の君主による君主のための支配を理想とする君主論は、現代のリーダーたちにも魅力たっぷり。

陶淵明
ビギナーズ・クラシックス 中国の古典

釜谷武志

自然と酒を愛し、日常生活の喜びや苦しみをこまやかに描く一方、「死」に対して揺れ動く自分の心を詠んだ田園詩人。「帰去来辞」や「桃花源記」ほかひとつ一つの詩を丁寧に味わい、詩人の心にふれる。

李白
ビギナーズ・クラシックス 中国の古典

筧久美子

大酒を飲みながら月を愛で、鳥と遊び、自由きままに旅を続けた李白。あけっぴろげで痛快な詩は、音読すれば耳にも心地よく、多くの民衆に愛されてきた。豪快奔放に生きた詩仙・李白の、浪漫の世界に遊ぶ。

角川ソフィア文庫ベストセラー

杜甫
ビギナーズ・クラシックス　中国の古典
黒川洋一

若くから各地を放浪し、現実社会を見つめ続けた杜甫。日本人に愛され、文学にも大きな影響を与え続けた「詩聖」の詩から、「兵庫行」「石壕吏」などの長編を主にたどり、情熱と繊細さに溢れた真の魅力に迫る。

孫子・三十六計
ビギナーズ・クラシックス　中国の古典
湯浅邦弘

中国最高の兵法書『孫子』と、その要点となる三六通りの戦術をまとめた『三十六計』。語り継がれてきた名言は、ビジネスや対人関係の手引として、実際の社会や人生に役立つこと必至。古典の英知を知る書。

易経
ビギナーズ・クラシックス　中国の古典
三浦國雄

陽と陰の二つの記号で六四通りの配列を作る易は、「主体的に読み解き未来を予測する思索的な道具」として活用されてきた。中国三〇〇〇年の知恵『易経』をコンパクトにまとめ、訳と語釈、占例をつけた決定版。

唐詩選
ビギナーズ・クラシックス　中国の古典
深澤一幸

漢詩の入門書として最も親しまれてきた『唐詩選』。李白・杜甫・王維・白居易をはじめ、朗読するだけで風景が浮かんでくる感動的な詩の世界を楽しむ。初心者にもやさしい解説とすら読めるふりがな付き。

史記
ビギナーズ・クラシックス　中国の古典
福島正

司馬遷が書いた全一三〇巻におよぶ中国最初の正史が一冊でわかる入門書。「鴻門の会」「四面楚歌」で有名な項羽と劉邦の戦いや、悲劇的な英雄の生涯など、強烈な個性をもった人物たちの名場面を精選して収録。